노무현
정치
사상

노무현 정치 사상

Political Thought

조해경
지음

바보 노무현의 정치철학과 사상은 무엇인가?

노무현의 정치철학은 맹자의 정치철학을 바탕으로 하고 있다.
바로 민중을 바탕으로 하는 정치철학이기 때문이다.

지식공감

《프랑스 혁명사》를 쓴 토마스 카알 라일은 위정자가 국정을 잘 운영하지 못하면 천벌을 받아야만 한다고 한다. 한국에서 일어난 국정농단 사건으로 인해서 1천5백만 국민의 힘으로 정책결정자들을 모두 감옥으로 보냈다.

인류역사에서 민주주의의 발전에 가장 기여한 혁명은 바로 프랑스 유혈시민혁명이다. 프랑스 시민의 힘으로 위정자 모두를 단두대로 보냈다. 프랑스 혁명은 국민들의 힘이 얼마나 강한지를 보여 주었다. 한국에서 일어난 촛불무혈혁명 역시 국민의 힘이 얼마나 무서운지를 잘 보여주고 있다.

프랑스 혁명의 원동력을 제시한 장자크 루소는 명저《사회계약론》의 논리는 바로 민주주의, 즉 국민이 주인이며 주권을 가지고 있다는 논리를 제시하였다. 이것은 주권은 국민에게 있으며 모든 권력은 국민으로부터 나온다고 하는 것이다.

요하네스 알투지우스에서 시작된 사회계약론은 주권을 위정자에게 이양하는 형식을 취했다. 그러나 루소는 "주권은 국민 각자에게 있다. 계약은 국민과 국민 각자가 계약을 체결한다. 그리고 그 주권은 국민이 그대로 가지고 있다. 단지 국민이 편의를 위해서 대표자를 뽑아서 그들에게 국정을 맡기는 것"이라고 주장하고 있다. 루소의 말을 따르자면 국민의 대표자란 단지 국민을 위해서 일을 해주는 하인에 불과하다. 따라서 그들이 일을 잘하지 못하는 경우에는 대표자를 교체하면 된다는 것이다.

고전 사회계약론자인 루소의 말은 최근 한국에서 일어난 촛불혁명을 잘 보여주고 있다. 한국촛불혁명은 이제 한국이 경제대국으로서뿐만 아니라 미국과 유럽 등 정치선진국의 문턱으로 들어서고 있다는 것을 입증하였다. 국민의식 수준이 민주주의 선진국 수준으로 향하고 있다는 것을 의미한다.

그러면 한국정치를 선진국 수준으로 만들어준 원동력은 누가 제공하였는가? 바로 진보주의적 사고의 뿌리를 심어준 '정치'라고 할 수 있다. 그 진보적 정치를 대표하는 정치인은 김영삼, 김대중, 노무현 전 대통령을 들 수 있다. 그중에서도 노무현 전 대통령이 가장 급진적 진보주의를 대표하는 정치철학의 모델이라고 할 수 있다.

역사학의 아버지 레오폴드 폰 랑케는 한 인간에 대한 정확한 평가는 그 사람의 관 뚜껑을 닫은 후에 해야만 한다고 한다. 노무현 전 대통령이 서거한 지 벌써 9년여 가까이 되었다. 이제 인간 노무현에 대한 평가를 하여야만 할 시점이다.

랑케는, 역사는 객관적이고 가치중립적인 입장에서 평가해야만 한다고 한다. 만일 역사와 인간에 대해서 주관적인 관점에서 평가한다면 그 평가는 왜곡되는 수가 허다하다. 따라서 이 글은 객관적이고 가치중립적인 시각에서 인간 노무현에 대해서 정치철학적 차원에서 논하고자 한다. 일반적으로 철학과 사상은 같은 의미로 사용되고 있다. 그러나 철학과 사상은 다르다. 철학은 인간이 경험한 사실을 지혜롭게 활용하는 것을 철학이라고 한다. 사상은 그 개인이 가지고 있는 사고와 행동을 합친 것을 사상이라고 한다.

따라서 이 글은 인간 노무현 전 대통령이 가지고 있는 사고와 그가 실천에 옮긴 행동에 대해서 연구·분석하고자 하기 때문에 노무현의 정치철학이라기보다는 정치사상이라고 할 수 있다.

한국 정치에서 한 시대에 획을 그었던 김영삼·김대중 전 대통령이 정치 9단이라고 말하면 노무현 전 대통령은 정치 10단이라고 규정지을 수 있다. 왜냐하면 김영삼·김대중은 어느 정도의 정치적 술수인 마카아벨리식 소위 말하는 권모술수를 사용하였다.

마키아벨리즘은 서양민주주의 역사에서 모든 정치인들이 가지고 있는 공통점이다. 워터게이트 사건으로 물의를 일으켰던 닉슨 전 미국 대통령은 호주머니에 마카아벨리의 《군주론》을 항상 넣고 다니면서 읽었다. 오바마 전 대통령도 항상 마카아벨리의 《군주론》과 《로마사 논고》를 들고 다녔다. 이처럼 정치인하면 마카아벨리의 권모술수를 생각하고 있다. 그러나 노무현에게는 권모술수는 통하지 않는 정통 승부수를 던지는 정치를 구현해 나갔기 때문에 노무현을 정치 10단이라고 부르고 있다.

고대 그리스의 철인 플라톤은 정치를 예술 중의 예술이라고 말하고 있다. 또한 정치인은 철인이라야만 한다고 말한다. 이 말을 바탕으로 진정한 정치인은 도덕성을 바탕으로 하는 인물이어야만 한다는 철인정치를 주장하였다.

왜 플라톤은 철인정치를 주장하였고 왜 인간 노무현을 정치철학적 관점에서 다루고자 하는가? 바로 노무현은 정치를 다른 정치인들보다는 도덕성을 바탕으로 하는 정치를 하였기 때문이다. 노무현의 닉네임, 즉 별명이 바보 노무현이라는 말이 이것을 증명한다. 바보 노무현은 일반적인 상식을 넘어선 순수한 도덕성을 바탕으로 하는 정치를 하였기 때문에 바보라는 별명이 붙은 것이다.

이 글은 인간 노무현의 정치사상을 연구·분석하여 후세 정부가 나가는 방향을 제시하고자 한다. 따라서 이 글은 노무현의 정치철학을 연구하여 노무현 정부의 정책적인 차원에서의 성공과 실패요인을 분석하여 장래 한국정부가 추구해 나가는 정책에 청사진을 제공하고자 한다.

동시에 노무현의 정치철학을 형성하도록 한 인물들을 토대로 그들의 사상과 노무현의 사상을 비교·연구하고자 한다. 노무현에게 가장 깊은 영향을 준 인물은 실무적인 차원에서는 링컨과 마키아벨리를 들 수 있다. 동시에 이론적인 차원에서 영향을 준 인물은 원효, 플라톤과 아리스토텔레스, 토마스 힐 그리인 등을 들 수 있다. 노무현과 이들의 사상을 비교하여 노무현이 그들의 사상을 어떻게 잘 적용하였는가를 분석하고자 한다.

노무현을 진보성향의 대명사로 불린다. 그는 급진적 진보주의자다. 진보는 현실과 어느 정도 동떨어진 사고를 바탕으로 하고 있다. 서양철학과 동양철학의 기원은 서양에서는 플라톤이 대명사다. 서양철학은 플라톤의 주석붙이기로 시작해서 주석붙이기로 끝이 난다라고 할 정도로 서양인들의 사고는 플라톤의 사고를 바탕으로 하고 있다. 동시에 동양철학의 주류는 공자사상을 바탕으로 하고 있다. 현재 동양 삼국인 중국과 한국과 일본은 공자사상을 바탕으로 하고 있다.

그러면 서양의 플라톤과 동양의 공자철학의 공통점은 무엇인가?

바로 그들은 정치철학이 주류를 이루고 있다. 플라톤의 대표적 저서인 《국가론》과 공자의 《논어》는 바로 국가중심의 철학을 연구하고 있기 때문이다.

이제 한국 정치는 거대한 체스가 시작되었다. 바로 진정한 사

노무현 정치사상

회 혁명적인 개혁을 시도해 나가야만 하는 것이다.

이 글을 통해서 당시 노무현은 왜 성공하지 못한 대통령으로서 남도록 만들었는지를 분석할 필요성이 있다. 사실상 노무현 스스로도 부동산 정책 이외에는 꿀릴 것이 없다는 말을 할 정도로 정책적으로 크게 실패하지는 않았다. 그러나 노무현이 실패한 대통령의 이미지를 보이도록 한 원인은 무엇인지를 정치적 관점에서 연구해볼 필요성이 있다.

이 글의 요점은 노무현의 정치철학을 연구하여 후세 정부가 시작한 개혁이 성공을 거두기 위해서 필요한 직·간접 요소들이 무엇인지를 분석하는 데 근본적인 의미를 두고 있다.

따라서 이 글은 인간 노무현이 가지고 있는 정치사상을 연구·분석하고 그의 정치적 성향을 형성하도록 만든 원인을 밝히고자 한다. 또한 그의 정치사상과 그의 정치사상에 영향을 준 사상가들과의 사상을 연구 분석하고자 한다. 동시에 노무현의 정치사상이 한국정치 발전에 미친 영향을 분석할 것이다.

동시에 이 글에서 노무현의 죽음에 대해서 논하고자 한다.

이 글에서 약간은 노무현의 죽음과 사회정의를 생각할 수 있다. 왜 노무현은 스스로 죽음을 택하였던가? 국가 원수를 지낸 인물이 거시적인 차원에서 죽음을 택하여야만 하는가? 소크라테스는 악법도 법이라는 말을 하면서 자신이 무죄임에도 불구하고 사형을 선택하였다. 노무현이 선택한 죽음의 길은 바로 소크라테스식 사회정의를 택한 것인가?

만일 노무현이 플라톤식 사회정의라는 사고를 좀 더 거시적인 안목에서 바라보았다면 노무현은 죽음을 선택하지 않았을 것이다. 죽음 대신에 국민들에게 자신이 모든 면에서 부끄러움이 없이 5년간 정치를 잘했다는 것을 입증하고 투쟁을 했어야만 했다. 이것이 바로 플라톤식 사회정의의 실현인 것이다.

반면 소크라테스는 그의 사형에 대해서 아테네 시민 모두가 무죄임을 알고 있었다. 따라서 감옥의 간수까지도 그에게 탈출의 기회를 제공할 테니 피신하라고 하였다. 그러나 소크라테스는 악법도 법이기 때문에 만일 자신이 법을 지키지 않는다면 아테네 시민 모두가 법을 지키지 않아 아테네라는 도시 전체가 무법천지가 된다고 말했다. 이 말은 소크라테스의 제자인 플라톤이「소크라테스의 변명」이라는 글에서 소크라테스의 죽음에 대해서 죽지 말고 우선 피신을 한 다음 변명을 하여야만 하는 것이 사회정의라고 규정하고 있다.

여기서 노무현과 소크라테스의 죽음은 철학적인 관점에서 보면 유사성을 발견할 수 있다. 소크라테스의 악법도 법이라는 객관적 기준을 맞추기 위해서 철인으로서 길을 걸어서 죽음의 길로 간 것이다. 소크라테스는 무죄임에도 죽음을 선택한 것이다. 노무현 역시 무죄임에도 불구하고 스스로 자살의 길을 선택했다. 소크라테스와 노무현은 죽음으로서 자신의 결백을 주장하는 방법을 택한 것이다. 그러나 플라톤은 사회정의란 우선은 죽음을 피하고 다음에 변명을 하는 것이 바로 정의라고 말하고 있다. 노무현의 죽음은 플라톤식 이데아인가 소크라테스식 변명인가를 노무현 서거 9주년을 맞아서 객관적이고 철학적인 관점에서 이 과정을 통해서 재조명하고자 한다.

노무현의 정치사상은 원효의 사상에 크게 의존하고 있다. 노무현의 종교가 원래 불교인지 아닌지는 확실하지가 않다. 그러나 그의 사상은 불교에 깊이 영향을 받고 있다. 그가 생을 자살로서 마감한 것도 결국은 인간의 고민과 번뇌를 유에서 무로 돌아가고 싶은 마음을 단축시킨 것이다. 노무현이 남긴 유서에서 죽음과 삶은 결국 자연의 일부에 불과하며 결국 동일하다는 사고를 보이고 있다. 이것은 바로 원효의 일심사상과 같은 맥락에서 이해할 수 있다. 결국 죽음과 삶을 동일선상에 두고 있다.

이 글은 노무현의 죽음이 한국 민주주의 발전에 밑거름이 될 것인지를 이제 노무현 서거 9년 만에 노무현의 죽음을 재조명할 필요성과 철학적 근거를 바탕으로 노무현의 정치철학과 사상을 전개해 나가는 데 근본적인 의미를 부여하고자 한다.

차 례

노무현의
정치철학

노무현과 플라톤의
이상주의 정치철학

노무현의 닉네임은 바보 노무현이다. 바보라는 말이 꼬리표를 붙어 다닌다. 그 이유는 대부분 약삭빠른 고양이 같은 정치인들은 한국의 현실정치에 적합한 정치를 하고자 한다. 따라서 한국의 정치구도는 지역주의를 바탕으로 하기 때문에 대부분의 정치인들은 자신의 성향을 저울질하여 보수당과 진보당에 맞는 지역에 출마를 하고자 한다. 사실상 아무리 큰 인물이라도 지역정서에 맞지 않는 당의 지역구에 출마를 하는 경우 10번 중 8, 9번은 낙선을 한다.

바보라는 말은 평균 이하의 사고와 생각을 가지고서 행동하는 사람을 말한다. 노무현은 일반인들이 납득하기 어려운 정치적 사고를 가지고 있다. 그는 정치적으로 불가능한 일을 추구해 나갔다. 정치에 입문하여 처음에는 자신의 고향에서 출마하여 얼마 후 청문회 스타로 이름을 날렸다.

그가 청문회 스타로 이름을 날리면서 그의 정치적 보스인 김영삼이 여당과의 합당을 시도하는 과정에서 노무현은 그의 보스이자 정치에 입문시킨 김영삼을 따라 가지 않았다. 그리고 다른 몇몇 의원들과 함께 소위 말하는 꼬마 민주당에 그대로 남았다. 그가 김영삼과 결별을 선언한 것은 국민들이 야당을 하라고 했는데 여당으로 들어가면 국민들을 배신한다는 정치신조에서 나온 것이다.

노무현의 정치적 신념과 신조는 분명히 올바른 정치적 사고인 것이다. 그러나 그의 이상은 현실과 다른, 힘든 형극의 길을 걷도록 하였다. 그는 자신의 지역구에서 계속 낙선하였다. 그가 대통령이 될 때까지 총 6차례의 출마를 통해서 4번 낙선하였다. 만일 노무현이 약삭빠른 고양이처럼 김영삼 옆에 붙어 있었더라면 그의 정치적 인생은 평범한 다선의 국회의원으로서 끝이 났을 것이다. 그러나 그는 어렵고 힘든 길을 선택하였다.

여기서 노무현의 정치철학은 평범한 정치인들과 다른 정치철학을 가지고 있다고 할 수 있다. 노무현은 선이 굵은 정치철학을 가지고 있었다. 그가 선이 굵은 정치인이 된 원인은 그가 어릴 적부터 걸어온 길을 보면 알 수 있다. 바로 그는 가진 자에 대한 도전 의식을 무의식적으로 가지면서 성장하였다. 가난하지만 머리는 명석한 노무현은 상고를 나와서 당시 국가최고시험인 사법고시에 합격했다. 고졸 출신에다 사법고시 합격이 바로 노무현의 트레이드마크다. 이것은 바로 노무현이 정신적으로 강한 인물이라는 것을 보여주고 있다. 여기서 대부분 어릴 적 가난을 경험한 사람들은 가난을 피하기 위해서 돈을 추구하는 안전한 길을 걷는다.

그러나 노무현은 안정된 삶을 포기하고 인권변호사로서의 길을 선택한다. 인권변호사의 길은 당시 군부독재시절에 보통의 정신을 가진 사람은 감당해 내기 힘이 들었다. 대부분 사람들은 인권변호사의 길을 포기해 버린다. 그러나 오랫동안의 인권변호사를 통해서 그의 정치철학이 형성되었다. 바로 그의 정치철학은 사람 사는 세상 만들기라는 정치철학을 형성하였다.

사람 사는 세상은 바로 약자가 잘 살 수 있는 세상을 말한다. 대부분 정치인들은 형식적으로 겉으로만 표를 얻기 위해서 약자를 위한 정치를 표방하지만 사실 자신의 이권위주의 사고를 가지고 있다.

그러나 노무현의 정치철학의 근원은 바로 약자중심의 철학적 사고를 가지고 있다. 약자란 사회에서 소외된 계층인 노동자를 비롯하여 장애인 등을 들 수 있다.

여기에서 노무현의 정치철학은 서양민주주의 사회의 기반을 이루고 있는 사상인 플라톤의 이상주의적 사고와 같은 맥락에서 이해할 수 있다. 노무현의 사람 사는 세상은 바로 지금 민주주의가 가장 발달한 미국인들의 사고와 같다고 할 수 있다.

미국인들은 유럽에서 넘어오면서 두 개의 큰 꿈을 가지고 신천지 땅을 찾은 것이다. 하나의 목적은 쥐가 고양이를 이기는 세상을 만드는 것이 그들의 꿈이었다. 다음으로 그들은 라스베가스에서 횡재를 하는 복권에 당첨되는 행운을 신천지인 미국 땅에서 찾아보려는 목적으로 미국 땅을 찾은 것이다. 현재 미국이 민주주의가 가장 발달된 원인은 누구나 다 평등한 사회이기 때문이다. 남녀노소와 흑인과 백인 등 모든 인종이 평등하다는 기치 아래 미국은 움직이고 있는 것이다. 비록 흑인이라도 능력과 조건만 갖추어지면 대통령이 되는 사회인 것이다.

민주주의를 상징하는 것은 미국 북부 뉴욕에 세워진 자유의 여신상과 남부의 플로리다에 있는 디즈니랜드의 미키마우스 상이다. 바로 미국인들이 가장 사랑하는 것은 이 두 가지 상이다. 자유의 여신상은 자유를 상징한다. 미국인들은 종교적 자유를 찾아서 탈 유럽행을 한 것이다. 이것은 모세의 출애굽을 의미한다. 다음으로 미키마우스 쥐다. 이것은 열린사회를 의미한다. 누구나 다 동등하며 평등하다는 것을 뜻한다. 쥐도 고양이를 이길 수 있는 사회가 바로 민주주의를 상징하는 미국의 트레이드마크인 것이다.

이러한 미국인의 사상을 형성하고 있는 것이 바로 존 로크의 개인주의 사상과 프로타고라스의 "만물의 척도는 인간"이라는 주관주의 사상이다. 이러한 사상의 근원은 바로 플라톤의 사상이다. 플라톤은 동양의 공자에 해당된다. 동양사상의 근원은 공자의 사상이다. 서양사상의 근원은 플라톤의 사상이다.

플라톤의 사상은 고대 그리스 아테네 도시국가가 민주주의가 가장 발달하도록 만드는 기반을 조성하였다. 당시는 도시국가로서 인구는 약 20만 명 정도에 불과하였다.

노무현의 사상은 바로 플라톤의 이상주의 사고를 바탕으로 하고 있다. 플라톤을 대표하는 저서인 《국가론》은 "덕이 곧 지식이다."라는 사고를 바탕으로 하고 있다. 덕은 지혜, 용기, 절제, 정의를 바탕으로 하고 있다.

왜 노무현의 정치철학은
플라톤의 정치철학과 일치하는가?

바로 이상주의자이기 때문이다. 플라톤의 이데아는 바로 현실을 초월한 이상을 추구해 나가고 있다. 가령 예를 들면 오렌지가 맛이 있는 오렌지인지 아닌지를 구별하기 위해서 플라톤은 오렌지 빛깔만 보면 알 수 있다는 것이다. 오렌지의 껍질의 빛깔이 싱싱하면 그 오렌지는 맛도 좋은 오렌라는 것이다. 플라톤의 이상주의적 접근법은 바로 오렌지를 까서 맛을 보고난 후에 그 오렌지가 맛이 있는 오렌지인지 아닌지를 구별하는 것이 아니라는 것이다. 단지 오렌지 색깔로서 오렌지 맛을 구별하는 것이 바로 플라톤의 이상주의 철학이다.

플라톤은 현실사회와 이상주의 사회를 그의 유명한 〈동굴론〉에서 잘 보여주고 있다. 〈동굴론〉에서 현실사회는 동굴 속의 캄캄한 사회를 의미한다. 동굴 밖의 환한 세상은 이상사회이다. 플라톤이 추구하는 이상사회는 현재 캄캄한 동굴 속에서 갇혀있는 현실사회에서 사람들을 동굴 밖의 환한 세상으로 끌어내는 일이 바로 정치지도자의 리더십이라는 것이다.

플라톤의 동굴 속 세상은 하루에 빛이 잠깐 비추어 주었다가 금방 캄캄하게 된다. 동시에 많은 사람들이 동굴 속에서 쇠사슬에 묶여서 앞만 바라보는 삶을 살아가고 있다는 것이다. 플라톤은 이러한 고통 속에 있는 사람들을 동굴 밖의 자유로운 환한 세상으로 끌어내어야만 한다는 것이 바로 플라톤의 이상주의 철학의 근원이다.

그러면 누가 동굴 속 캄캄한 현실사회에서 희망을 잃어가고 고통 속에 시달리는 사람들을 구해낼 수 있을 것인가?

플라톤은 바로 이러한 일을 해내는 사람들이 정치인들이 할 일이라고 말하고 있다. 그러면 이러한 일을 하는 정치인들은 어떠한 자질을 갖춘 인물인가?

플라톤은 정치인으로서 가장 적합한 인물은 바로 철인이라야만 한다고 말한다. 플라톤이 말하는 철인이란 의미는 넓다. 철인이란 단순히 철학을 하는 사람들을 말하는 것이 아니라 지식을 갖춘 지식인을 의미한다. 플라톤이 말하는 정치인의 통치술은 판사가 법에 맞추어서 죄인을 다스리는 통치술, 군인이 부하군인들을 다스리는 통치술, 목동이 양을 거느리는 통치술과는 다른 통치술을 가져야만 한다는 것이다. 이것을 플라톤은 정치인의 통치술이며 정치인의 통치술은 모든 통치술을 종합한 최고의 예술이라는 것이다. 따라서 이러한 정치인의 통치술은 오직 철인만이 할 수 있다. 철인의 통치술은 덕을 바탕으로 하는 통치술인 것이다.

덕이란 바로 지혜, 용기, 절제 및 정의를 바탕으로 하는 통치술이다. 덕의 정치는 바로 법에 구속되지 않는 정치인의 판단에 의해서 행하는 정치인 것이다. 법이란 인간이 만들었기 때문에 많은 허점과 문제점을 가지고 있기 때문에 따라서 정치가는 법에 구속되는 것이 아니라 법의 위에서 자신의 덕에 의한 정치를 행하여야만 한다는 것이다.

노무현의 정치철학은 바로 플라톤의 이상주의 정치철학을 바탕으로 하고 있다. 노무현은 플라톤의 동굴론을 실현하기 위해서 나섰다. 캄캄한 동굴 속 쇠사슬에 묶여서 갇혀 있는 군중들을 밝고 훤한 세상 밖으로 끌어내는 일을 추구해 나가고자 하였다. 그런데 문제는 군중들을 끌어내기 위해서 노무현이 추구한 접근방법에서 그는 실패하였다고 할 수 있다.

왜 노무현이 군중을 캄캄한 동굴 속 현실사회에서 밝고 환한 이상사회로 구출해 내는 데 실패를 하였는가? 이 문제는 우선 노무현 철학의 근원을 이루고 있는 플라톤 철학부터 이해하는 일이 필요하다.

플라톤은 고대 그리스시대로부터 시작해서 현대까지 서구사회에 가장 크게 영향을 미친 사상가이다. 철학뿐만 아니라 문화와 예술에 이르기까지 모든 길은 플라톤으로 통한다고 말하고 있다.

플라톤의 주요 사상은 그의 대표적 저서인 공화국이라고도 하는 《국가론》에 잘 나타나 있다. 공화국 또는 국가론의 근본주제는 정의이다.

공화국은 정의에 대한 토론으로 시작하여 정의에 대한 토론으로 끝난다. 플라톤이 말하는 정의의 개념은 오늘날 우리사회에서 사용하는 일상적인 개념으로서의 정의보다 훨씬 넓다. 현재 사용하는 영어의 정의Justice의 의미는 인간이 정의에 의해서 강요되는 것을 의미한다. 그러나 플라톤이 말하는 정의는 선Goodness이다. 플라톤의 정의의 목적은 선을 추구하도록 하며 선의 방향으로 나가도록 하는 것이다.

플라톤의 공화국의 근본개념은 덕이 곧 지식이다Virtue is knowledge라는 소크라테스의 사상을 따르고 있다. 덕이 지식이라는 전제는 근본적인 선이란 직관이나 추측 또는 행운에 이루어지기보다는 합리적이고 논리적인 관찰을 통해서 이루어지기 때문이다.

플라톤의 지식의 목표는 선이다. 지식을 통해서 선과 올바름이 실현될 수 있다. 플라톤이 바라는 이상 국가는 변함없는 영원한 국가를 말한다. 형이상학이 형이하학보다 우선해서 적용되는 국가를 말한다.

지식은 절대로 어긋남이 없는 것이다. 지식은 옳고 그름이 있을지 모르나 불변하는 진리인 것이다. 덕을 이해하는 지식은 인간의 목적이자 선 그 자체이며 최종목표이다. 덕은 4가지 유형의 질을 포함하고 있다. 이것은 지혜, 용기, 절제, 정의를 말한다. 덕은 지혜, 용기, 절제의 3가지 요소의 조화로 형성되며 권력을 잡은 철인왕은 선과 지혜로운 생활을 해야 한다.

플라톤은 미의 본질 자체와 아름다운 사물을 구별하고 있다. 사물의 본질과 표면을 구별하기 위해서 특수성과 보편성을 분리하고 있다. 오렌지의 경우 오렌지 하나하나는 특수성은 가지고 있지만 보편적인 면에서는 '오렌지' 하면 노랗고 달다는 것이다. 어떤 사물이 아름답다면 본질적으로 미 자체를 가지고 있기 때문이다.

플라톤이 보는 선의 지식이란 단순히 보편적으로 아름답다고 하는 것보다 더욱 복잡하다. 따라서 철인만이 사물의 진실과 본체를 볼 수 있기 때문에 전문인에 의한 정부형태의 필요성을 강조하고 있다.

플라톤은 선에 의한 사물의 진실과 본체를 본다. 사물의 진실을 판명하기 위해서 플라톤은 이데아 즉 이상적인 접근법을 사용하고 있다. 플라톤의 이상적 접근법은 현대인들이 가지고 있는 사고에 비유해 볼 수가 있다.

현대인들이 자동차를 사러 자동차 시장에 간다고 생각해 보자. 현대인은 우선 시장에서 자동차의 모델과 엔진 중에서 모델을 엔진보다 더욱 중시하는 경향이 있다.

다시 말하면 플라톤의 이데아식 접근법을 이용하면 현대인은 자동차의 겉모양인 모델을 보면 그 자동차의 내부도 알 수 있다는 것이다. 플라톤의 선은 오렌지를 사는 경우 오렌지의 빛깔을 보면 오렌지의 맛을 정확하게 알아낼 수가 있다는 것이다.

현대인들이 보는 관점에서
플라톤의 사고는 어떤 사고를 가지고 있는가?

플라톤은 이상주의적 접근법을 사용한 철학자였다. 위대한 철학자도 불완전한 존재라는 것을 우리는 플라톤이 여성을 보는 관점에서 알 수가 있다.

플라톤은 현대인들이 말하는 게이, 즉 동성연애자였다. 서양인들의 의식의 하부구조를 형성하는 데 가장 큰 영향을 미친 플라톤이 현대인들이 변태라고 생각하는 동성연애자가 된 원인은 어디에서 찾을 수 있을까?

플라톤은 아테네에서 가장 최고의 명문귀족 집안의 아들로서 그의 두 형제는 플라톤의 대화에서 소개되고 있다.

플라톤은 그의 저서나 대화 집을 통해서 인류역사상 최고의 수사학자이자 논리정연한 철학자였다. 그의 이론적 전개를 보면 플라톤은 천재임에 틀림없다. 천재는 광인 즉 미친 자와 통한다고 생각할 수 있다.

플라톤은 그의 저서에서 글라공과 아두만두스는 정상적인 귀족집안의 딸들과 결혼을 하였다고 한다.

플라톤은 성에 대해서 도시인들이 풍기를 문란시키는 성행위를 하는 것을 금지하고 있다. 또한 국가를 다스를 수 있는 사람은 오로지 철인만이 실수를 범하지 않고 국가를 다스릴 수 있다는 주장이다.

국가를 다스리는 사람들의 자녀들은 낳는 즉시 공동으로 집단 거주를 하도록 하여야 한다는 주장이다.

플라톤의 주장에 따르면 통치자는 재산에 대해서 욕심이 없어야 한다. 그런데 통치자의 재산에 대한 욕심은 결혼하여 자녀를 둠으로 인해서 생기기 시작한다는 것이다.

인간은 다른 동물과 마찬가지로 종족 보존의 본능을 가지고 있다. 종족 보존의 본능은 인간이 자손들을 뻗어주고 싶어 하는 본능을 가지고 있다. 그 본능적 욕구가 결국 사유재산에 대한 욕망이 생기도록 한다. 인간은 결국 사유재산의 노예로 전락하게 되어 부패하게 된다는 것이 플라톤의 주장이다.

플라톤 역시 위대한 철학자이기 이전에 불완전한 인간이었다.

인간의 불완전성은 플라톤을 그의 이데아적 접근법을 사용하여 완벽한 여성을 요구하고 찾아 나섰다.

플라톤은 아테네 거리를 활보하면서 아름다운 여성을 찾아 나섰다. 역사적인 자료에 의하면 플라톤은 그의 스승인 소크라테스와는 완전히 다른 외모를 가지고 있었다. 소크라테스는 엄청난 추남이었다. 그는 맨발로 아테네 사람들이 모이는 광장에 나타났다.

플라톤은 스승과는 달리 명문 귀족집안의 혈통으로서 외모 역시 준수하고 빼어난 외모를 지니고 있었다.

철학자 플라톤이 찾는 여성은 미적인 차원에서 아름다운 미모를 갖추고 있어야만 하였다. 반면에 본질적인 차원에서는 인간이 갖추어야 할 이성을 가지고 있어야 했다. 현대인들이 보는 관점에서 플라톤이 추구하고 찾는 여성은 외모 면에서 빼어난 외모를 갖추고 있어야만 한다. 다시 말하면 군계일학의 외모를 갖추고 있어야만 한다.

내적인 면에서는 여성은 마음씨가 아주 아름다운 교양을 가지고 있어야만 한다는 원칙과 기준을 제시하고 있다.

플라톤이 찾는 여성은 플라톤이 그의 이상국가론에서는 찾아볼 수가 없었다. 플라톤의 이상국가론은 차선책인 현실 국가론으로 눈을 돌려야만 했다.

플라톤이 현실국가에서 원하는 여성인 외적인 면에서는 미모를 갖추고 있어야만 한다. 내적인 면에서는 철학자들이 가지고 있는 이성을 가지고 있어야만 하였다.

플라톤은 아테네에서 자신이 원하는 여성을 찾을 수가 없었다.

플라톤의 이상국가론에 주장하는 성적인 행위를 무시한 사랑을 플라톤은 차선책으로 택하였다. 플라톤은 여성으로부터 포기하고 그 대신 같은 성인 남성으로부터 사랑을 찾은 것이다. 결국 플라톤의 사랑은 요즈음 말하는 게이인 동성연애자의 사랑인 것이다.

플라톤의 철학은 형상의 철학이다. 인간이 현실세계를 벗어나서 이상을 추구하도록 한 이데아의 철학이었다. 따라서 그의 스승 소크라테스가 지행합일을 추구한 철인이라면 플라톤은 이상을 추구하면서 이데아의 세계에 인간이 접근하도록 사고를 제공한 철학자였다.

다음으로 노무현과 플라톤과의 관계를 생각할 수 있다.

플라톤이 노무현에게 정치인으로서 성공에 대한 밀서를 보낸다면 그는 어떠한 것을 가장 중요한 성공요소로 생각할 수 있을까.

플라톤은 그의 대표적인 저서인 《국가론》에서 덕이 곧 지식이다. 라는 명제를 바탕으로 전개해 나가고 있다. 또한 인간이 성공에 필요한 요소인 희망을 이데아를 통해서 제공하고 있다.

플라톤은 정치인이 성공을 위해서 필요한 요소는 희망을 향한 이상주의가 중요한 요소로 보고 있다. 정치인이 성공을 위해서는 국민의 희망이 있는 이데아의 세계를 향해서 매진해 나가야 한다는 것이다.

플라톤이 바라보는 세계는 인간의 발전을 위해서는 현실세계보다는 높은 목표를 세워서 삶을 추구해 나가야만 한다는 것이다.

플라톤은 덕이 곧 지식이라는 명제에서 덕은 지혜, 용기, 절제, 정의를 말한다. 정치인이 성공을 위해서는 지혜롭게 현실문제에 대처해야 하며 또한 용기를 가지고 있어야 하며 절제 역시 필요하다. 이렇게 지혜와 용기와 절제가 조화를 이루고 있는 것이 정의이다.

플라톤으로부터 정치인들이 배워야 할 명제는 바로 정의이다. 플라톤은 그의 정의에서 동굴론을 들고 있다. 인간사회는 캄캄한 동굴 속의 현실세계이며 동굴 밖의 환한 세상은 이상사회인 것이다. 플라톤은 캄캄한 동굴 속에서 인간은 허덕이고 있다.

동굴 속은 하루에 몇 분 정도만 햇빛이 비친다. 또한 인간은 캄캄한 동굴 속의 쇠사슬에 묶여져 있다. 동굴 밖의 이데아 세상은 인간이 추구하는 이상세계인 것이다. 리더는 바로 동굴 속의 쇠사슬에 묶여져 자신의 쇠사슬을 풀고 동굴 밖으로 도망을 칠 수 있는 능력을 가지고 있어야만 한다.

그런 능력을 갖춘 정치가는 동굴 밖으로 탈출하여 밝은 세상으로 나와야만 한다. 그런 다음 그는 다시 위험하고 캄캄한 동굴

노무현 정치사상

속에 갇혀져 있는 사람들을 구출하기 위해서 위험을 무릅쓰고 다시 동굴 속으로 들어가야만 한다.

이것은 플라톤은 이데아 세계 즉 이상세계와 현실세계에서 정치인은 이데아를 향해서 나갈 수 있는 비전을 가지고 있어야만 한다. 플라톤이 바라고 추구해 나가는 이상사회는 정의를 실현하는 길이다. 플라톤이 추구하는 이상사회의 구현은 바로 정의이다. 그 정의의 본질은 지혜와 용기와 절제와 정의인 것이다.

현대의 정치인들이 필요로 하는 리더십은 바로 지혜, 용기, 절제의 정의로서 조직을 이끌어 나가는 리더십인 것이다.

플라톤이 주장하는 정치인이
갖추어야 할 설득력인 이성의 덕이란 무엇인가?

플라톤이 주장하는 덕은 지혜와 용기와 절제와 정의를 바탕으로 하고 있으며 덕은 지혜와 용기와 절제와 정의의 4가지 요소가 서로 균형을 이루고 있어야 한다는 것이다. 이 중에서 하나라도 균형을 이루지 못하는 경우는 이성을 바탕으로 하는 설득력은 효력을 상실하여 다른 쪽으로 치우치게 된다는 것이다.

그러면 플라톤이 말하는 덕을 구성하고
이성을 바탕으로 하는 지혜, 용기, 절제, 정의란 무엇인가?

플라톤은 이 4가지 요소가 조화와 균형을 이루어야 한다고 주장하면서 변증법적 관점에서 이 4가지 중에서 가장 중요한 요소가 바로 정의라고 말하고 있다. 정의란 지혜와 용기와 절제가 모여서 이루어진다는 것이다.

다시 말하면 플라톤이 주장하는 설득은 지혜와 용기와 절제를 분리하지만 또한 지혜와 용기와 절제가 모여서 정의를 이루게 되므로 설득에서 가장 중요한 요소는 결국 정의라고 할 수 있다. 플라톤이 보는 정의는 대화에서 볼 때는 사회정의Social Justice라고 할 수 있다.

그러면
사회정의란 무엇인가?

여기서 노무현이 은퇴 후 힘이 없을 때 스스로 개혁을 부르짖은 검찰로부터 공격을 당하였다. 노무현은 자신의 결백을 입증하기 위해서 자살로 인생을 마감했다.

노무현의 자살을 플라톤적 사회정의를 바탕으로 생각할 수 있다.

플라톤의 초점은 사회정의란 소크라테스가 아예 정의라는 관

노무현 정치사상

점에 초점을 맞추고 대화를 전개해 나가는 것과는 달리 플라톤은 변증법적 관점에서 변화의 연속이라고 할 수 있다.

최근 《정의란 무엇인가》라는 저서로 알려진 마이클 센달 역시 플라톤의 정의를 바탕으로 설명할 수 있다. 플라톤은 소크라테스가 인간이 만들어 놓은 법에 의존해서 스스로 악법에 묶여서 죽음을 택한 소크라테스의 죽음에 대해서 자신의 변명에서 그것은 정의가 아니라고 그의 스승을 논박하고 있다.

가령 예를 들면 앞에서도 이미 설명한 마이클 센달이 예를 들어놓은 것을 보면 최근 아프간에서 일어난 사건의 경우이다. 아프간의 아주 깊고 험한 산간 계곡에서 미국 군인들이 숨어서 탈레반 소탕 작전을 펴던 중 열 살쯤 되는 아프간 소년이 양떼를 몰고서 하산하면서 군사작전을 펴고 있던 미군들과 만나게 되었다. 이러한 경우 미군은 10살 먹은 어린이를 그대로 살려 보내야만 하는가 아니면 이 어린이를 죽여야 하는가 라는 문제가 바로 사회정의 문제로 대두하고 있다.

만일 어린이를 살려서 돌려보내면 금방 그 어린이가 탈레반에게 미군들의 작전 거주지를 알려서 미군들이 습격받을 것이 분명하며 만일 어린이를 죽이는 경우에는 어린 생명을 죽이는, 도덕상으로 문제가 있는 것이다.

이 중에서 플라톤이 주장하는 설득력은 어디에 기준을 맞추어야만 하는가?

플라톤은 사회정의를 지혜와 용기와 절제가 조화를 이루어야만 한다고 말한다. 이 어린 아프간 어린이를 어떤 방식으로 처리해야만 하는가?

플라톤의 논리와 소크라테스의 설득에 대한 정의의 논리는 다르다고 할 수 있다.

우선 소크라테스는 사람을 죽이는 일은 위법이다. 라는 전제하에서 문제를 풀어나갈 것이다. 따라서 어린이를 살려서 돌려보내는 일이 가장 우선적인 일이 될 것이다. 그리고 그 10세의 어린 소년을 설득하여 살려 보내줄 테니 절대로 미군들의 작전 거주지를 탈레반에게 알려주지 못하도록 설득을 하였을 것이다. 따라서 소크라테스의 객관적 기준을 바탕으로 하는 설득의 접근법은 사람을 죽이지 않고서 문제를 해결해 나가는 데 초점을 맞추어서 문제를 해결하고 있다.

반면 플라톤은 덕이라는 관점에서 가장 핵심 요소인 정의를 바탕으로 한 이성적인 관점에서 설득의 초점을 맞추어 나갔을 것이다. 우선 지혜라는 요소를 동원하여 어떻게 지혜롭게 이 문제를 대처해 나가야만 하는 것이다. 절제는 변증법을 동원하여 사람을 죽일 수도 있고 죽이지 않을 수도 있다는 관점에서 문제를 해결해 나갔을 것이다.

만일 어린이를 죽이는 경우에는 많은 용기가 필요하지만 정의란 바로 용기가 있어야 성사가 되는 것이다. 또 다른 방법은 죽이

노무현 정치사상

지 않고서 자신을 절제해서 비상의 경우에는 대비를 해서 다른 곳으로 빨리 피신하는 방법도 필요하다.

소크라테스와 비교하여 플라톤은 변증법에서 절제를 유동화시켜 나가기 때문에 소크라테스보다는 훨씬 폭넓은 관점에서 사물에 대응해 나갈 수가 있는 것이다. 따라서 플라톤식 변증법적 관점에서 보는 이성을 바탕으로 하는 정의는 바로 그 어린이를 살해하는 것이 최선의 방법이며 이것이 바로 선goodness이라는 결론을 내리고서 그 어린이를 살해했을 것이다. 반면 소크라테스는 그 어린이를 죽이는 일은 법이 허용하지 않고 있기 때문에 어린이를 살려두었을 것이다.

그런데 그 이후 마이클 센달의 결과보고는 그 어린이를 살려두었기 때문에 마을로 내려간 어린이는 바로 탈레반에게 알려서 얼마 가지 않아 그 미군들은 탈레반의 공격을 받고서 거의 대부분의 미군들이 죽음을 당하게 되었다는 것이다. 이러한 관점에서 보면 플라톤의 설득력은 소크라테스보다는 보는 관점이 조금은 더 넓다고 할 수 있다.

여기서 약간은 노무현의 죽음과 사회정의를 생각할 수 있다. 왜 노무현은 스스로 죽음을 택하였던가? 국가 원수를 지낸 인물이 거시적인 차원에서 죽음을 택하여야만 하는가? 소크라테스는 악법도 법이라는 말을 하면서 자신이 무죄임에도 불구하고 사형을 선택하였다. 노무현이 택한 죽음의 길은 바로 소크라테스식 사회정의를 선택한 것이다.

만일 노무현이 플라톤식 사회정의라는 사고를 좀 더 거시적인 안목에서 바라보았다면 노무현은 죽음을 선택하지 않았을 것이다. 죽음 대신에 국민들에게 자신이 모든 면에서 부끄러움이 없이 5년간 정치를 잘했다는 것을 입증하고 투쟁을 하여야만 했다. 이것이 바로 플라톤식 사회정의의 실현인 것이다.

소크라테스가 아테네 시민들의 고발과 정부가 그에게 사형에 대해서 아테네 시민 모두가 무죄임을 알고 있었다. 따라서 감옥의 간수까지도 그에게 탈출의 기회를 제공할 테니 피신하라고 하였다. 그러나 소크라테스는 악법도 법이기 때문에 만일 소크라테스가 법을 지키지 않는다면 아테네 시민 모두가 법을 지키지 않기 때문에 아테네는 도시 전체가 무법천지가 된다는 것이다.

플라톤의 논리 역시 많은 문제점을 가지고 있다. 플라톤이 추구해 나가는 이데아 세계는 현실적인 차원에서 설득이라는 관점에서 보면 현실과 괴리가 있을 가능성이 있을 수 있다. 플라톤은 오렌지의 예를 들어서 설명을 하고 있다. 가령 오렌지 장수가 오렌지를 리어카에 수북이 쌓아 놓고서 어느 오렌지기 맛이 있는 오렌지인지 아닌지를 구분하기 위해서는 플라톤은 경험을 무시하고 단지 오렌지의 빛깔만 보고서 그 오렌지가 맛있는 오렌지인지 아닌지를 구별할 수 있다는 것이다.

오렌지의 빛깔과 겉모양이 아주 싱싱하면 그 오렌지는 맛있는 오렌지이며 만일 그 오렌지의 빛깔이 바래어졌으면 그 오렌지는 맛이 없다는 것이다. 이것은 직접 오렌지를 오랫동안 까서 먹어본 경험보다는 경험 없이 오렌지의 모양에 의한 맛의 구분은 플라톤의 현실을 무시한 이데아의 접근법이라고 할 수 있다.

노무현이 추구해 나간 검찰개혁 등 보수에 대한 사회개혁에서 상당 부분 저항에 부딪친 원인은 노무현이 플라톤식 이상주의적 접근법을 사용하였기 때문이다.

플라톤의 관점은 현실과 이상으로 구분하고 인간이 사는 현실세계와 인간이 희망하는 이상세계 사이에서 존재하는 모순점을 극복하는 방안은 현실의 경험보다는 이성을 토대로 한 판단이 더욱더 설득력이 있다고 보는 것이다. 플라톤이 보는 관점은 인간의 판단은 불완전하다는 사고를 바탕으로 하고 있는 것이다. 인간세상은 완벽하지 못한 인간들이 자신들의 관점에서 기준을 정해서 그 기준에 맞추어서 설득력을 행사하기 때문에 정확성이 부족하다는 것이다.

따라서 플라톤은 오렌지를 파는 장사꾼까지도 의심을 하게 되는 것이다. 왜냐하면 그 장사꾼은 단지 오렌지를 많이 먹어보고 팔아 보기는 하지만 그것은 단지 경험에 의한 판단일 뿐 오렌지 맛의 실체를 파악하지 못하고 있기 때문에 오렌지 장사가 가지고 있는 실제 경험보다는 이성에 의한 판단이 더욱더 정확하다는 논리를 펴고 있는 것이다.

플라톤의 철인왕에 의한 정치는 바로 불완전한 인간이 만들어 놓은 경험에 의한 판단보다는 이성을 갖춘 철인왕의 설득력과 사고력이 더욱더 정확하다는 것이다. 플라톤의 설득의 기준은 이성을 바탕으로 한 사고력에 의존한 설득력을 요구하고 있는 것이다. 그런데 변증법적 논리를 사용하는 플라톤의 설득력은 많은 문제점을 유발시킬 가능성이 있다.

첫째, 플라톤은 그의 제자인 아리스토텔레스의 윤리를 기준으로 한 설득을 무시하고 있으며 또한 그의 스승인 소크라테스가 현실사회에서 보편타당성에 근거를 둔 설득을 무시한 이상 즉 이데아를 바탕으로 한 설득을 추구해 나갔기 때문에 플라톤의 설득력은 판단기준에서 문제가 발생하게 되는 것이다.

플라톤은 인간이 사는 세상은 현실사회이며 현실사회가 아닌 사회는 이상사회로서 현실사회에서 적용하는 설득력과 이상사회에서 적용되는 설득력은 다르다는 관점에서 논리를 전개해 나가고 있다.

즉 현실사회에서 적용되는 보편타당성은 이상사회에서는 적용되지 않는다는 것이다. 이것을 플라톤은 그의 동굴론에서 잘 설명하고 있으며 동굴 안의 세상은 현실사회이며 동굴 밖의 세상은 이상사회이면서 인간이 추구해 나가는 이상사회에 초점을 맞추어 나가야만 한다는 것이다.

예를 들면 현실사회에서는 자신이 나은 자식들은 낳아서 훌륭하게 키우기 위해서 부모들이 자녀들의 교육에 열정적인 가족중심사회를 만들어 나가는 것이 현실사회의 설득의 기준인 것이다. 그러나 그러한 경우는 인간은 자신의 이익만을 추구해 나가서 결국은 황폐한 사회로 만들어 버리기 때문에, 누구나 자식을 낳으면 부모가 누구인지를 모르게 공동으로 소유하는 집단으로 보내는 자식의 집단공유를 이상사회에서 주장하고 있다. 이렇게 되는 경우 인간은 재산에 대한 욕심이 없어지고 사회를 위해서 일을 하게 된다는 것이다.

이러한 플라톤의 이상사회의 논리는 설득력이 있기는 하지만 현실사회에서는 불가능하다. 플라톤이 보는 동성연애에 대해서 플라톤은 정당하다고 보고 있다. 당시 플라톤이 살던 시대에는 도시국가로서 아테네와 스파르타 간에 서로 사활을 건 싸움을 벌이고 있었다. 이러한 와중에서 남자들만이 자주 만나서 시국을 논하기 때문에 동성연애가 난무하던 시대였다.

플라톤의 이상주의적이고 변증법적 관점에서는 동성연애에 대해서 인간사회에서 죄악시하는 기준을 무시하는 정당성을 부여하는 설득력을 제시할 수 있는 것이다. 소크라테스가 타인을 설득하는 방법은 일단 객관적인 기준을 잡고서 그 기준에 반대되는 사실을 내세워서 반론을 제기하면서 불필요한 사실들을 하나하나 제거해서 마침내 자신의 주장을 관철하고서 남을 설득시키는 설득력의 방법을 구사하였다면 반대로 플라톤은 소크라테스와 다른 설득력의 방법을 사용하였다.

플라톤은 객관적인 기준은 올바르지 못하며 그 기준은 상황에 따라서 변화하게 되며 그 설득력은 인간이 가지고 있는 이성에 의해서 설득력을 발휘하여야만 한다는 것이다. 따라서 플라톤은 인간은 누구나 불완전한 존재이기 때문에 그중에서 가장 완벽한 인간은 철인왕이며 철인왕은 그가 가지고 있는 이성에 의한 설득력을 바탕으로 한 기술을 발휘할 수 있다는 것이다. 따라서 인간 사회에서 조직을 비롯하여 인간을 설득하기 위해서 플라톤식 방법은 인간이 자신이 배운 지식과 교양을 바탕으로 한 타인을 설득하여야만 한다는 것이다.

노무현의 사고는 현실을 무시한 이상을 추구해 나가는 사고를 가지고 있었다. 그의 사고는 급진적 개혁주의자였다. 그런데 그는 당시 보수언론을 비롯하여 강한 기득권 세력의 저항에 부딪쳐서 결국 자승자박하는 결과를 초래하였다.

여기서 노무현과 소크라테스의 죽음은 철학적인 관점에서 보면 유사성을 발견할 수 있다. 소크라테스의 악법도 법이라는 객관적 기준을 맞추기 위해서 철인으로서 길을 걸어서 죽음의 길로 간 것이다. 즉, 소크라테스는 무죄임에도 죽음을 선택한 것이다. 노무현 역시 무죄임에도 불구하고 스스로 자살의 길을 선택했다. 소크라테스와 노무현은 죽음으로서 자신의 결백을 주장하는 방법을 선택한 것이다.

링컨과 노무현의
이상주의 정치

노무현의 정치적 이념과 사고는 미국의 제16대 대통령 링컨의 정치철학을 바탕으로 하고 있다. 노무현의 정치철학은 링컨의 정치사상에서 많은 유사점을 찾을 수 있다. 링컨의 정치철학과 유사한 원인은 링컨과 비슷한 환경을 둔 성장배경이 큰 역할을 하고 있다. 링컨은 미국에서 가장 바닥에서 출발하여 가장 존경받는 인물이 된 입지적인 인물이다. 노무현 역시 고졸출신과 사법고시를 거쳐서 대통령이 된 드라마틱한 삶을 살아왔다. 동시에 흑인을 해방시킨 인권운동가인 링컨과 인권변호사 출신의 노무현은 같은 맥락에서 이해할 수 있다.

미국 역사에서 가장 존경받는 인물은 미국을 영국의 식민지로부터 해방시킨 조지 워싱턴 초대 대통령과 흑인 노예제도를 폐지시킨 미국의 제16대 대통령 링컨을 들 수 있다. 미국인들은 조지 워싱턴을 구약에 나오는 모세에 비유하며 또한 링컨을 신약에 나오는 예수에 비유하고 있다. 모세의 탈애굽은 미국인들의 출 유럽이라고 할 수 있다. 미국인들은 본국인 영국으로부터 독립을 추구해 나가면서 영국과 전쟁을 하였다. 바로 미국독립전쟁의 영웅인 조지 워싱턴은 미국을 영국으로부터 해방시켰다.

다음으로 미국은 유럽 전체 크기만 한 신천지 땅을 개척해 나가는 과정에서 인력이 필요하였다. 그 결과 미국인들은 아프리카로부터 흑인들을 사들여서 노예로 부려먹었다. 흑인들의 인권탄압은 결국 미국의 논쟁대상이 되고 남북전쟁이라는 내전으로 번졌다. 이러한 흑인노예 해방을 주도하여 해방시킨 인물이 바로 링컨이다.

노무현 대통령과 정부는 역대 정부와 비교하여 너무나 다른 사고를 가지고 출범하였다. 출범 자체부터가 새롭고 드라마틱한 한 편의 영화나 소설 같은 등장이었다. 노무현의 트레이드마크는 서민 대통령이었다. 그의 정치 이상은 바로 미국인들이 가장 좋아하고 가장 존경하는 링컨 대통령이다. 수십 년 전까지 미국은 미국의 건립자이자 초대 대통령인 조지 워싱턴을 미국의 가장 위대한 대통령으로 꼽았다. 그러나 현재 미국인들이 가장 존경하고 가장 친근한 아저씨이며 자신들의 인권을 보호해 주는 대통령인 링컨을 우선순위에 올려놓았다.

예수에 해당하는 링컨을
왜 미국인들은 사랑하고 있을까?

바로 서민 대통령이기 때문이다. 링컨은 외모부터가 서민적이다. 그의 출생 성분 역시 학교의 정규 교육을 받지 못했다. 그는 미국 중남부 지역인 켄터키와 테네시의 경계인 첩첩산중에서 출생하였다. 가정 형편이 어려워 독학으로 변호사 시험에 합격하였다. 그리고 인권 변호사로서 출발하여 결국 미국의 대통령 자리에 오르는 입지전적 인물이다. 그가 남긴 업적은 인권적인 차원에서 흑인노예 해방에 있다. 또한 그가 남긴 명연설 "국민의, 국민에 의한, 국민을 위한" 연설은 미국을 세계 민주주의를 상징하는 국가로 만들었다.

노무현 스스로나 당시 노무현을 지지한 국민들 모두가 노무현은 한국의 링컨으로 생각하였다. 그는 링컨과 같은 서민과 약자편에 선 지도자가 되기를 기대했다. 노무현은 링컨과 같이 정규대학을 졸업하지 못했다. 그는 상고를 졸업하고 그 당시 가장 힘들다는 국가 최고시험이자 권위 있는 사법고시에 1975년도에 합격했다. 노무현이 사법고시에 합격할 당시의 사법고시는 어느 정도의 권위가 되었는가 하면 국가공무원인 부이사관 대우를 받았다. 당시 부이사관은 군수와 시장보다 훨씬 높은 도지사 다음인 부지사 정도의 계급에 해당된다.

사법고시와 행정고시를 비교하면 행정고시에 합격하는 경우

사무관을 받는다. 사무관은 도청의 계장 정도로서 사법고시보다 훨씬 아래이며 군의 부군수 정도였다. 이처럼 힘든 시험에 그것도 독학으로 합격한 노무현은 우수한 두뇌와 강한 의지력을 갖춘 특이한 성격의 소유자임에 틀림없다.

그는 링컨과 같이 사회의 약자를 돕는 인권변호사의 길을 선택했다. 당시는 사법시험 합격자 수가 소수정예이기 때문에 누구나 다 판검사 발령을 받았다. 노무현은 판사로 임용되어 잠깐 동안 판사로서 활동한다. 그리고 얼마 후 바로 인권변호사로서 험난한 가시밭길로 들어선다. 그는 당시 자신이 활동하던 부산지역의 정치적 대부인 김영삼에 의해서 정계에 입문한다. 이후 그는 곧 청문회 스타로 두각을 드러내면서 외골수 정치철학을 신념으로 하여 정치의 힘든 길을 걸어간다. 그에게 주어진 별명이 바로 '바보 노무현'이었다.

바로 그가 보여준, 기회주의가 아닌 소신의 정치철학은 결국 그를 큰 인물로 만드는 결정적인 계기가 된다. "지성이면 감천"이라는 속담이 있다. 그가 추구해 나간 정치적 소신은 그가 선거에서 떨어지면 떨어질수록 더욱더 빛을 발했다. 소신이 없는 정치인은 두 번 정도 떨어지면 정치생명이 끝나서 정계에서 사라진다.

그러나 노무현은 6번 선거에서 4번을 떨어졌다. 그러나 그는 빛바랜 백일홍이 아닌 막 이슬을 머금은 아름다운 백일홍으로 다시 태어난 것이다. 부산지역을 중심으로 노무현을 사랑하는 노사모가 결성되면서 그의 정치적인 발판은 그가 높이 뛸 수 있도록 만든 것이다. 그가 소신 있는 정치인이라는 것을 알아준 인물은 바로 노무현의 정치스승인 김영삼의 라이벌인 김대중 전 대통령이었다. 김대중은 노무현을 해양수산부 장관으로 기용하였다. 그리고 결국 그의 정치후계자로 삼은 것이다. 그 인연으로 노무현은 대통령에 당선된 것이다.

노무현의 정치철학은 "서민의 서민에 의한 서민을 위한 정치"라고 할 수 있다. 바로 링컨이 말하는 국민이라는 말을 서민이라고 바꾼 말과 같다. 그는 이상주의자였다. 링컨도 이상주의자였다. 그러나 링컨이 추구한 이상주의 정치는 실현되었지만 노무현이 추구한 이상주의는 크게 성공을 거두지 못했다.

그 이유는 무엇인가? 미국은 국민들을 비롯해 이미 가장 선진화된 정치문화를 바탕으로 하고 있었기 때문이다. 미국인들의 선조들은 유럽의 수도사 문화를 헌신짝 버리듯이 버리고 유럽 전체 크기만 한 미국 땅에서 새로운 정치문화를 창조해 냈다. 그들은 선조인 영국의 의원내각제를 포기하고 새로운 대통령제를 창조하였다. 그리고 그들만의 정치문화를 만들었다. 따라서 링컨은 이러한 선진화된 국민들의 정치의식 속에서 자신이 가지고 있던 이상주의 정치를 펼칠 수가 있었다.

그러나 노무현은 민주화 이후에 처음으로 탄생된 정부였다. 수십 년간 계속된 군부독재 정치를 비롯하여 관료들의 권위주의 등

1장 노무현의 정치철학

이 아직도 청산되지 못한 정치 환경 속에 있었다. 그는 낡은 권위주의 청산을 위해서 노력하였다. 권위주의에는 기득권 보수집단 세력들이 그를 둘러싸고 방해 공작을 펼쳤다. 특히 그는 언론 등 4대개혁을 하려고 하였다. 그러나 워낙 강한 뿌리를 내리고 있는 보수 세력에 휘둘리고 말았다.

약자들인 흑인 노예들의 편에 선 링컨 대통령에게 미국인들은 손을 들어 주었다. 그리고 흑인에게 인간의 존엄성과 자유를 주도록 허락하였다. 그러나 노무현이 추구한 2퍼센트의 가진 자들의 재산을 거두어서 98퍼센트의 약자들에게 분배하겠다는 그의 정치철학은 좌초되기 시작하였다. 바로 국민의식 수준이 선진화되지 못했기 때문이다. 노무현 혼자서 뛴다고 되는 것이 아니다. 민주주의는 하루아침에 이루어지는 것이 아니다. 민주주의는 시간과 피와 땀을 필요로 한다.

노무현이 추구한 이상주의인 분배중심의 사고는 바른 것이다. 그러나 실행과정에서 많은 시행착오를 거쳤다. 주변의 정책결정자들 역시 대부분 실무경험보다는 이상을 바탕으로 한 실무진이다. 그들 역시 많은 오류와 시행착오를 경험했다.

그리스 철인 아리스토텔레스는 그의 대표작인 《정치학》에서 말한다. 바로 훌륭한 국가조건으로 국민들의 경제적 부는 최대한 4:1을 넘어서는 안 된다고 한다. 아리스토텔레스는 만일 4:1을 넘는 경우에는 국민들이 혁명을 일으킨다는 것이다. 사실상 한국은

노무현 정치사상

김영삼 대통령의 외환위기 때문에 후임자인 김대중 대통령이 외환위기 극복에 초점을 맞춘 경제정책으로 인해서 사회는 위기 속에 빠져 있었다. 노무현 정부는 초기부터 심각한 사회 양극화 현상이 나타나기 시작하였다.

노무현은 인간적으로 국민들에게 접근하였다. 국민들은 쉽게 그에게 접근할 수 있었다. 그 점이 바로 노무현이 가지고 있는 매력이자 장점이었다. 젊은 진보세력들은 그를 따랐다. 그의 카리스마적 리더십은 바로 노무현만이 가지고 있는 장점이었다. 카리스마란 바로 타고난 천부적인 리더십이다. 노무현에게 누구의 권고도 없이 스스로 그를 따르는 추종세력이 생기게 되었다.

노무현의 정책이 상당 부분 실패한 점도 부인할 수 없다. 특히 부동산정책은 실패했다고 할 수 있다. 그러나 역사적인 관점과 거시적인 차원에서 그는 한국정치 발전을 한 단계 높이 끌어올린 인물임에 틀림없다. 노무현의 이상주의 정치는 비록 현실을 외면하고 현실과 동떨어진 정치를 하였다는 점은 인정한다. 원래 이상주의란 현실을 한 단계 끌어올리기 때문에 시행착오가 일어날 수 있다. 그러나 그 시행착오는 어느 정도 착오를 거듭하고 시간이 지나면 그것이 올바르다는 것을 알 수 있다.

역사적으로 볼 때 동양의 개혁자이자 이상주의자인 왕안석을 들 수 있다. 왕안석은 중국 송나라 신종 때 인물로서 여러 세대에 걸쳐서 그의 개혁안이 성사되지 못했지만 결국 시간이 지나면서 그가 진정한 개혁자라는 것을 역사가 증명해 주고 있다. 또한 조선조 중종시대에 개혁주의자이며 이상주의자인 조광조 역시 개혁에 실패한 인물이지만 그는 진정한 개혁자임을 역사가 잘 보여주고 있다. 노무현 대통령이 추구한 개혁은 앞으로 시간이 지나면서 그가 진정한 개혁자라는 것을 역사가 판단해 주리라고 기대된다.

원효의 정치사상과
노무현의 정치철학

　원효의 불교사상은 바로 노무현의 정치철학에 해당된다. 왜냐하면 당시 승려들은 민중을 이끄는 정치인에 해당된다. 원효는 신라가 통일신라로 나아가는 시기에 활동한 승려이다. 그가 남긴 금강삼매경론을 비롯하여 많은 저서들은 후세인들에게 엄청난 영향력을 행사하고 있다.

　당시는 불교가 국교로서 종교와 정치는 밀접한 관련을 가지고 있었다. 불교를 믿는 사람들은 대부분 귀족들이었다. 원효가 역사적으로 기여한 공헌은 불교의 대중화였다. 불교를 대중화시키기 위해서 원효는 스스로 파계하고 광대들과 함께 장터를 누비면서 춤을 추고 광인 노릇을 하였다.

　당시 신라신대는 골품제에 의한 신분제였다. 당시 왕족은 진골과 성골로 구성되어 있었다. 다음으로 6두품이었다. 원효는 6두

품으로서 더 이상의 신분상승은 힘들었다. 통일신라의 대표적 학자인 고운 최치원 선생도 결국 6두품이라는 한계에 막혀 비록 중국에서 실시한 과거에는 합격을 하였지만 그의 이상을 실현시키지 못했다. 특히 최치원은 당시 황소가 반란을 일으키자「토황소격문」이라는 문장을 지어서 중국 천하에 최고의 명문으로 이름을 떨쳤다. 그러한 최치원도 결국 당시 신라의 골품제에 걸려서 큰 빛을 보지 못하고 말년에 가야산 속으로 사라지고 말았다.

원효의 불교사상은 한마디로 말하면 민주주의 사상을 바탕으로 하고 있다. 비록 신분제 폐지를 주장하지는 않았다. 그러나 그는 종교를 통해서 민주주의의 이상을 실현시키려고 노력하였다. 우선 불교가 당시 소수의 귀족층에 한정된 종교를 대중 속으로 파고들어가는 불교의 대중화에 크게 기여를 하였다. 그는 스스로 귀족신분을 버리고 당시 최하위 신분인 광대들과 함께 생활하였다. 광대들과 함께 사람들이 모이는 장터에서 노래를 부르고 꽹과리를 치고 다녔다. 그가 직접 지어서 당시 최하의 신분인 광대 패거리들과 부른 노래를 무애가라고 부른다.

원효는 스스로 소승거사라고 자처하면서 파계승이 되었다. 원효는 민중 속으로 파고들기 위해서 스스로 파계승으로 전락하였으며 사찰 근처의 개울에서 물고기를 잡아서 먹었다. 불교에서는 철저하게 고기를 먹는 것을 금기시하였으며, 동시에 살생을 금지하였다. 그러나 원효는 고기를 먹고, 걸인 행세를 하고 동시에 광인 행세를 하고 돌아다녔다.

당시 태종무열왕의 딸이자 과부가 된 요석공주가 원효의 강연에 매료되어 있었다. 원효와 요석 공주의 로맨스는 후세에 이름을 날릴 정도를 유명하다. 요석공주와 원효 사이에는 이두문자를 만든 한국사에 가장 유명한 석학인 설총을 낳았다. 이처럼 원효는 불교라는 하나의 종교의 규율에 얽매이지 않았다.

원효의 불교사상은 결국 그의 정치사상으로 규정지을 수 있다.

원효의 정치사상은 평등사상과 자유라고 할 수 있다. 그의 불교철학의 기본을 이루고 있는 것은 일심과 화쟁이다. 일심이란 모든 것이 결국은 같은 것으로 보고 있다. 가령 예를 들면 하늘에서 떨어지는 빗물은 산에 있는 소나무에 떨어지든 아니면 도심의 빌딩의 천장에 떨어지든 결국은 바다로 모여든다는 것이다. 또한 살아 있는 생명체나 죽은 생명체나 결국은 하나라는 것이다. 결국 인간은 모든 것이 하나이기 때문에 인간이 생각하기 나름이라는 것이다. 다시 말하면 모든 생명체나 만물의 근원은 하나라는 것이다.

원효는 두 번의 중국 유학을 시도하였다. 첫 번째는 압록강 국경 지역 건너에서 국경을 지키는 군인들에 의해서 강제로 추방되어 고국으로 돌아왔다. 두 번째 그의 중국 유학길은 어린 동자승이자 불교에서 의형제를 맺은 의상대사와 함께 중국 유학을 떠났다. 의상은 나중에 한국 화엄종을 일으킨 불교사에 나오는 큰 인물이 된다. 우리에게 잘 알려진 원효의 해골 물이 바로 원효의 두 번째 중국 유학에서 이루어진다.

원효와 의상이 지금의 경기도 화성 땅에 도달하였을 때 날이 너무 어두워서 무덤 근처의 동굴에서 쉬고 다음 날 출발하기로 했다. 원효는 밤에 잠을 자다가 목이 말라서 동굴 안에 있는 바가지에 물이 있어서 그 물을 마셨는데 그 물이 너무나 시원하고 맛이 좋았다. 다음 날 아침 날이 밝자 원효는 동굴에서 어젯밤에 자신이 마신 물이 해골 바가지 속에 있는 더러운 물이라는 것을 알았다.

여기서 원효는 득도 즉 깨달음을 얻게 된다. 세상의 모든 것이 생각하기 나름이라는 것이다. 가령 그 해골 물을 낮에 밝은 곳에서 마셨더라면 분명히 다 토해 내었을 것이다. 그런데 아무것도 보이지 않는 캄캄한 곳에서 해골 물을 마셨더니 그 물은 너무나 시원하고 달콤한 물이라는 것이다.

여기서 원효는 중국 유학길을 포기하였다. 그리고 국내파 지식인으로 남았다. 그때부터 원효는 완전히 다른 그의 삶을 보여주고 있다. 그는 소승거사를 자처하면서 그동안 불교의 교리와 테두리 안에서만 하던 사고를 완전히 바꾸었다. 원효는 스스로 파계승 행세를 하며 원효의 불교사상은 단순히 불교의 교리에서 벗어나 민생을 구하는 불교의 교리로 바꾸게 된다. 다시 말하면 소승불교에서 대승불교의 전파를 하게 된다. 원효는 당시 귀족층에 한정된 불교를 전 국민에게 전파시키면서 민중 속으로 파고드는 불교의 교리로 바꾸었다.

원효의 사상의 핵심은 평등과 일심과 화쟁으로 규정지을 수 있다. 원효는 스님이라는 한정된 테두리를 벗어나 자유인으로서의 사고를 바탕으로 하고 있다.

　원효의 철학은 헤겔의 변증법과 유사함을 가지고 있다. 헤겔은 무에서 시작해서 유로 생성되고 다시 무로 돌아가는 철학적 사고를 바탕으로 하고 있다. 헤겔은 처음에 무에서 시작된 것은 생성을 통해서 유로 된다. 유는 다시 갈라지면서 생성을 계속에서 정반합의 단계를 거치면서 이러한 행동을 반복한다. 헤겔의 변증법에서 모든 만물이 무에서 생성되었기 때문에 유의 단계에 있지만 무로 돌아가고 싶어 하고 결국은 무로 회귀하는 것이 만물의 법칙이라고 한다.

　원효의 사상 역시 헤겔의 변증법적 사고와 일치한다. 원효의 사고는 일심에서 모든 것은 결국은 동일하며 하나라는 것이다. 결국 죽음과 삶도 하나로 보고 있다. 죽는다는 것은 원래 인간으로 태어나기 전의 상태로 복귀한다는 것을 의미한다. 바로 무에서 유로 있다기 다시 무로 돌아간다는 것이다. 따라서 세상의 모든 만물은 결국 이러한 행위를 반복해 나간다는 것이다.

　원효는 많은 저서를 남겼다. 그중에서도 《금강삼매경》은 역사적으로 유명한 저서다. 여기서 그의 사상은 화쟁사상이라고 할 수 있다. 화쟁사상은 인간들의 사고는 결국 약간의 차이에 불과하며 조금씩만 양보하고 이해하면 결국은 하나로 일치할 수 있다는 것이다. 화쟁은, 인간의 의견의 차이와 불화는 약간의 차이에 불과하며 근본적으로는 동일하다는 것이다.

약간 더 크고 약간 더 작은 차이에 불과하기 때문에 서로 간에 조금씩만 더 이해하고 양보하는 경우에는 서로 간의 이해를 일치시켜 나갈 수 있다는 것이 바로 원효의 화쟁사상인 것이다. 서로 다투고 투쟁하고 미워하는 원인은 약간의 크고 작은 이해의 차이라는 것이다.

노무현의 정치사상은 원효의 사상에 크게 의존하고 있다. 노무현의 종교가 원래 불교인지 아닌지는 확실하지가 않다. 그러나 그의 사상은 불교에 깊이 영향을 받고 있다. 그가 생을 자살로서 마감한 것도 결국은 인간의 고민과 번뇌를 유에서 무로 돌아가고 싶은 마음을 단축시킨 것이다. 노무현이 남긴 유서에서 죽음과 삶은 결국 자연의 일부에 불과하며 결국 동일하다는 사고를 보이고 있다. 이것은 바로 원효의 일심사상과 같은 맥락에서 이해할 수 있다. 결국 죽음과 삶을 동일선상에 두고 있다.

이러한 노무현의 사상은 그의 정치철학에서도 잘 나타나고 있다. 원효와 마찬가지고 노무현은 대중 속으로 파고드는 정치를 구현하고자 하였다. 사실상 원효는 승려라기보다는 정치인이었다. 불교의 교리를 통해서 원효는 계급을 타파시키려고 하였다. 원효 스스로도 당시 계급사회의 신분제도에서 구속된 상태에 있었다. 그는 왕족인 성골과 진골이 아니었다. 그가 스님으로서 불교에

귀의한 것도 아마 당시 계급제도에 대한 반발에서 연유된 것인지도 모른다. 노무현의 정치적 목적도 당시 기득권층에 억눌린 자신 스스로에 환멸감을 느끼고서 민생을 구하고자 하는 목적에서 정치에 입문하였다고 할 수 있다.

사법고시에 합격하였지만 그는 고졸출신이라는 한계를 느끼고서 법관직을 그만두었다. 그리고 민생을 구하려는 목적에서 인권변호사의 길을 택한 것이다. 후에 노무현이 시도한 사법개혁은 평등사상을 바탕으로 하고 있다. 귀족행세를 하는 법조인의 행태를 뿌리 뽑자는 것이다. 노무현이 시도한 로스쿨 제도는 소수의 엘리트라는 자부심에 찬 사법고시제와 법조계의 권위의식을 뿌리 뽑는데 크게 기여하였다.

노무현의 트레이드마크는 자유인이자 서민적인 풍모였다. 그는 말을 잘하는 변호사였다. 꾸밈없는 그의 말투가 노무현의 특징이었다. 그는 입에서 나오는 대로 막말을 하였다. 요즘 잘 나가는 개그맨이자 전직 씨름 선수였던 강호동과 같은 스타일의 말투였다. 그의 말은 국민들에게 씨가 먹혀들어갔다. 미사여구로 세련된 말투를 그는 사용하지 않았다.

청문회 스타가 된 원인도 바로 미사여구가 아닌 원색적인 말투였기 때문이다. 그 말투로 국민을 사로잡았다. 노무현이 추구한 대중 속으로 파고드는 정치는 바로 원효의 불교사상이며 정치철학과 같은 맥락에서 이해할 수 있다.

노무현과
마키아벨리

마키아벨리 하면 정치인들 모두에게 사상적으로 가장 크게 영
향력을 행사해 왔으며 현재 전 세계 정치인들에게 학문적으로 영
향력을 행사하고 있다.

노무현 역시 마키아벨리로부터 방법적인 차원이라기보다는 사
상적인 차원에서 크게 영향을 받았다. 특히 마키아벨리의《군주
론》과《로마사 논고》는 모든 정치인들에게 종교인들의 모세의 십
계명과 같은 맥락에서 이해되고 있다.

미국의 역대 대통령들은 거의 대부분이 마키아벨리의《군주
론》의 책을 주머니에 넣고 다니면서 외우다시피하고 있다. 따라서
마키아벨리 하면 권모술수라고 생각하고 있다. 그러나 마키아벨
리가 원하는 것은 진정한 정치인이 되기 위해서 필요한 십계명을
언급하고 있다.

노무현의 정치사상은 마키아벨리의 정치사상과 일치하는 점이 많이 있다. 마키아벨리가 강조하는 군주는 여우와 같이 교활한 면과 사자와 같이 위험과 두려움을 국민들에게 보여주는 양면성을 가지고 있어야만 한다는 것이다.

그리고 가장 중요한 것은 국민들에게서 미움을 받는 행동을 해서는 안 된다는 것이다. 국민들이 비록 군주를 두려워하더라도 군주를 미워하지 말아야만 한다는 것이다. 국민들로부터 비난은 받더라도 미움을 받아서는 안 된다.

다음으로 중요한 것은 국가를 튼튼하게 만들기 위해서는 절대로 용병을 사용하지 말아야만 한다.

노무현의 정치사상은 민중들 속으로 파고 들어가는 대중적인 정치를 구현하였다. 노무현은 소수의 보수 기득권층으로부터는 미움을 받았지만 대부분의 국민들로부터 미움을 받지 않았다.

역사적인 관점에서 조명해 보면 고대 중국에서 항우와 유방과의 싸움에서 유방이 승리한 이유는 유방의 군대는 가는 곳마다 환영을 받았다. 그러나 항우의 군대는 점령지역 사람들에게 횡포를 일삼았기 때문에 결국은 군사적으로 약한 유방이 승리를 거둔 것이다.

로마와 카르타고의 명장 한니발과 전투에서 로마가 승리한 원인은 바로 한니발이 코끼리를 몰고서 알프스를 넘어 로마의 마당까지 진군했으나 바로 한니발이 로마시민들에게 무서운 강압을 행사하였기 때문에 로마시민들이 강하게 반발하고 나섰기 때문이다. 이처럼 군주는 국민들의 미움을 받는 경우 그 정권은 몰락하게 된다.

마키아벨리는 《로마사 논고》에서 군주에게 필요한 것은 군사들의 애국심을 들고 있다. 따라서 절대로 용병을 사용해서는 안 된다는 것이다. 용병들은 돈을 받고서 전쟁을 치르기 때문에 그들에게는 애국심이 절대적으로 결여된 상태에 있다. 전쟁은 결국 애국심에 의해서 승패를 결정하기 때문에 할 수 없이 돈을 주고 용병을 사용하는 경우를 제외하고는 절대로 용병을 사용해서는 안 된다는 것이다.

그러면 왜 마키아벨리인가? 마키아벨리의 정치철학은 깊이나 이론적인 면이 아니라 실무 정치인들에게 쉽게 적용할 수 있다. 그는 깊이 없고 논리적이지 못하지만 현대까지도 마키아벨리 하면 바로 권모술수라는 말을 사용하고 있다.

마키아벨리Machiavelli는 이탈리아의 플로렌스의 메디치가가 권력을 잡던 해인 1469년에 가난한 변호사의 아들로 태어났다.

그 당시는 르네상스가 이탈리아 전역을 휩쓸고 있었으며 교회의 낡은 사상과 중세의 질서는 붕괴되는 과정에 있었다. 그는 처음으로 전통적인 사상을 무시하면서 합법적인 사상을 적용했기 때문에 서양 사회과학에서 최초의 현대 사상가라고 불리고 있다. 결과적으로 볼 때 마키아벨리의 합법성은 후기 진보주의 사상가

노무현 정치사상

인 토마스 홉스, 존 로크, 데이빗 흄 등에 의해서 계승되어졌다.

마키아벨리는 격동기에 살았으며 그의 저서들은 모두 이 시기에 나왔다. 워낙 수수께끼 같은 인물이었기 때문에 그에 대해서는 잘 알려져 있지 않다. 그러나 마키아벨리즘이라는 그의 권모술수 등 그에 대한 비난의 소리는 17세기와 18세기를 통해서 계속되었다. 그에 대한 비난이 지금도 계속되는 이유는 그에 대한 잘못된 이해와 그의 작품에 대한 잘못된 평가 때문이다.

마키아벨리는 메디치 정부 하에서는 벼슬을 하지 않았으나 1496년에 공화국에 가입했다. 그곳에서 급성장한 그는 플로렌스의 군사 및 외교관계를 관리하는 10명의 장관 중의 한사람으로 일했다. 1512년까지 마키아벨리는 정부의 요직에 있으면서 소모디 에르니의 친밀한 친구이자 보좌관으로서 그의 입지는 증가되었다.

이 기간 동안 마키아벨리는 외교관과 행정관 및 군사적인 업무까지 겸하였다. 그의 문헌상 기록을 보면 이 시기에 완전히 국가일 에만 열중하였으며 이 기간의 경험을 통해서 행정적이며 외교적인 면에서 폭넓은 경험을 얻었다.

마키아벨리는 모든 면에서 그리 깊은 지식을 갖추고 있지는 못했지만 그의 다양한 경험적인 훈련은 실무 정치인으로서 자격을 갖추도록 만들었다. 따라서 그가 관직에 있건 관직을 벗어났건 간에 정치인으로서 인상이 깊도록 하였다.

1512년 메디치가의 회복으로 인해서 그의 정치경력은 파멸의 길로 들어섰다. 메디치가의 성장은 마키아벨리를 정치권으로부터 소외시켰으며 그 결과 그는 학문에만 전념하는 기회가 제공되었다. 플로렌스로부터 추방 및 정치인으로서 지위의 몰락은 그의 작품 대부분에서 볼 수 있듯이 정계의 주목을 끌어서 다시 플로렌스나 로마의 정계에 복귀할 수 있는 기회를 찾는 데 있다.

그의 대표작인 《군주론The Prince》은 그가 메디치가의 후견인을 희망하는 뜻에서 썼으며 《로마사 논고Discorsi》, 《전쟁론》, 《플로렌스의 역사》 등은 로마교황 바울 7세의 관심을 끌기 위해서 썼다. 《로마사 논고》와 《군주론》은 1513년에 시작해서 그 해 끝났으며 《전쟁론》은 1519년부터 1520년 이후에 쓰였다.

마키아벨리는 정치인으로서 강한 군주의 보좌관으로서 정계에 복귀하겠다는 희망 이외에 그가 원하고 있었던 것은 무질서하고 흐트러져 있는 이탈리아를 외국의 야만인으로부터 구출하는 것이 그의 희망이기도 했다. 마키아벨리가 희망한 것은 플로렌스가 다시 자유롭고 번영하는 국가로 되는 것을 보는 것이며 더욱 그의 큰 희망은 이탈리아를 정치적으로 통일국가를 만드는 것이 궁극적인 목적이었다.

1512년 추방될 당시 이미 마키아벨리의 사상의 형태는 굳어져 있었다. 1512년 이전의 그의 정치실무자로서 경험은 그의 전쟁에 대한 선입견, 직업군인 강화의 강조, 이탈리아를 전쟁터로 만들어서 비참하게 만든 외국인에 대한 편견 등 모두가 그가 실무정치인으로 경험한 것을 바탕으로 그의 사상이 구성되었다고 볼 수 있다.

마키아벨리의 피사에서의 전쟁경험은 그가 국가에 있어서 군의 중요성을 이해하는 데 도움을 주었다. 그는 무엇이 국가를 흥하게 만들고 망하게 만드는가 하는 것의 원인분석 및 개인의 정치적 성공요소 그리고 국가가 어떻게 하면 안정을 획득할 수 있으며 무엇이 이탈리아를 야만인의 침입에 대해서 안전하게 만드는가 하는 등이 그의 사상의 핵심이다.

마키아벨리의 작품들 중에서 오늘날 우리의 목적에 부합하는 가장 중요한 책은 《로마사 논고》이다. 이 책에서 마키아벨리는 국가와 생명에 대해서 그의 전 사상을 보여주고 있다. 전쟁은 그가 가장 좋아하는 주제의 연장이라 할 수 있다.

마키아벨리의 사상을 이해하고자 하는 사람은 누구든지 《로마사 논고》부터 읽어야만 된다는 평이 있다. 국가사상에 관해서 마키아벨리의 사상은 상당히 불만족스럽기는 하나 그는 국가의 안정, 팽창 및 국민의 자유에 대해서 도움이 되는 요소들을 분석함으로써 사상사에 기여하고 있다.

마키아벨리의 당시 시대에 비해서 앞서가는 사상은 권력에 대한 개념 정립이다. 마키아벨리의 권력에 대한 분석은 어떻게 하면 권력을 얻을 수 있으며 또 잡은 권력을 계속해서 유지하면서 어떻게 사용하느냐 하는 것을 잘 분석하고 있다.

마키아벨리에 의하면 국가의 형태는 강력한 군주제하에서만 군주는 그가 목적하는 것을 얻을 수 있으며 권력을 유지해 나갈 수 있다. 권력을 유지해나가기 위해서는 군주는 강압과 폭력을 사용하는 것이 필요하다. 또한 좋은 군주가 되기 위해서는 통치자는 국민들 앞에서 사자가 될 수도 있어야 하며 한편으로 여우가 될 수도 있어야 한다.

군주론에서 마키아벨리는 통치자의 개념에 대해서 정의를 내리고 있다. 통치자는 개인적으로 초능력을 갖춘 지도력으로 어떻게 국가를 통합할 수 있는가를 알아야 한다는 것을 강조하고 있다.

마키아벨리는 서양 중세 정치사에서 애국적 인물을 부상시켰다. 새로운 통치자는 상당한 야심을 가진 엘리트 중에서 권력을 빨리 직감할 수 있고 제도를 빨리 변화시킬 줄 아는 사람이어야 한다.

군주는 영웅적인 인물이거나 영웅적인 개성을 가지고 있어야만 한다. 정치란 공격적인 태도를 통해서 수행되어져야 한다. 통치자는 국민들의 행복을 위해서 노력하여야 한다. 국민들의 도덕은 법률에 복종하고 통치자의 도덕은 법률과 제도를 창의적으로 구성하여 수행하는 일이다.

마키아벨리에 의하면 인간의 의지, 국가가 전쟁에서 승리하는 요소들, 도덕과 정치와의 관계 등을 설명하고 있다. 역사와 정치를 관련시켜서 역사란 자신과 다른 사람의 경험뿐만 아니라 과거와 현재의 경험이며 길잡이이다. 인간은 정치의 자료이며 인간 본성은 그의 행위에 의해서 판단된다. 정치는 자신의 산 경험과 역사로부터 산출된 규범으로부터 얻어진 산출물인 것이다.

마키아벨리는 체계적인 사상가는 아니었다. 그러나 실질적인 인식과 구체적인 일을 분석하는 사상가이었다. 그의 대표작인 《군주론》과 《로마사 논고》을 비교해 보면 그의 사상이 구조적인 면에서 혼동되고 있다는 것을 의미하고 있다. 그의 사상은 직관적인 면에서 보면 날카로운 현실관과 탁월한 현실 분석력이 있음에도 불구하고 근본적으로 그의 사상은 혼돈되고 있다.

마키아벨리는 인간의 의지와 인간의 행동을 구분하고 있으며 인간의 의사와 행동은 서로 연관성을 가지고 있다고 본다.

마키아벨리에 의하면 절대적인 선이란 있을 수 없으며 선이란 단지 개인들로 구성된 집단의 이익을 돕는 정도로 생각하면 되는 것이다. 따라서 선과 악이란 용어 자체가 특수한 의미가 있는 것이 아니며 개인의 집단으로 구성된 단체와 연관시켜서 생각하면 된다.

1513년 이탈리아는 근 20년 가까이 외국인의 지배에 의해서 시달려 왔으며 국경지대에서는 이방인들이 전쟁에 의해서 혼란상태가 계속되었다. 찰스 8세의 나폴리 건국은 이탈리아반도의 정복을 위해서 스페인과 프랑스 사이의 전쟁 통로로 이용되었다. 마키아벨리는 군주제 통치형태의 정부의 병폐를 경험했으나 잔악한 외국인의 침입을 더욱 싫어했다.

외국인 침입의 직접적인 원인은 이탈리아 군대제도의 문제점에 있다고 마키아벨리는 생각하고 있었다. 그가 기대하고 있었던 것은 야만인들을 이탈리아로부터 쫓아내는 일이며 군대를 강화하는 일이 가장 중요하다고 믿었다. 이탈리아에서 일반시민으로 구성된 군인은 1506년 플로렌스에서 시작되었으며 마키아벨리가 그 안의 작성자이며 최고 책임자이었다.

마키아벨리는 자신의 경험과 구로마제국의 경험을 바탕으로 가장 좋은 군인은 자기나라의 국민들로 구성된 군인이라는 결론을 내렸다. 이탈리아의 정규군이 아닌 외국인을 용병으로서 고용은 신빙성이 없을 뿐만 아니라 일반적으로 비효과적이다. 외국인의 고용은 이탈리아를 황폐와 위태로운 처치로 만든다. 그의 저작 《군주론》과 《로마사 논고》에서 자국민을 군인으로 채용하도록 건의하고 있다.

군주제나 공화제에서 자신의 군대가 없다면 비난을 받아야 한다. 마키아벨리는 한 국가의 군대는 최소한 국가를 위해서 싸울 만큼의 강한 군대를 보유하고 있어야 하며 외국용병을 고용하는 것은 바람직하지 못하다는 것이다. 용병은 보수를 받고 싸우는 것 이외는 아무런 애국심이나 목적의식이 없기 때문이다. 마키아벨리의 저서 《전쟁론》에서 17세에서 40세까지의 모든 시민은 군사훈련을 받아야 한다는 것이다. 이 점에서 볼 때 마키아벨리의 애

국정신이 들어 있으며 국민정신이 요구되는 본국 군대의 부활을
희망하였다.

애국심은 국가의 내부적인 질서, 국가의 안전, 전쟁에 싸울 수
있는 군대의 힘 등이다. 마키아벨리는 공공정신의 발전이 군대
형성을 이끌어 나가는 힘을 만들어주며 시민으로 구성된 군대는
자연적으로 애국심의 표현이다.

모든 국가의 기본적인 원칙은 좋은 법률과 좋은 군대에 의해서
이루어진다. 따라서 좋은 군인이 없는 곳에 좋은 법률이 형성될
수 없다. 좋은 군인이란 국가가 소유하고 있는 군인을 말하며 시
민들의 공공정신이 함유되어 있으며 좋은 법률이 있음을 암시하
고 있다. 국가란 최소한 좋은 군인을 가지고 있을 때에 자유가 있
으며 그러한 자유는 공화정 하에서만 이루어진다.

자유에 대해서 상을 줄 수 있는 군주만이 좋은 군대도 만들 수
있다. 마키아벨리에 의하면 공화정 정부형태만이 가장 강하고 안
정된 국가이며 독선적인 군주제 정부형태는 가장 나쁜 형태의 정
부이다.

《로마사 논고》에서 마키아벨리는 시민이 군주보다 더 현명하
고 성실하며 군주는 변하기 쉽고 영속성이 없다는 생각을 보여주
고 있다. 군주는 법을 일반인보다 더욱 어기기 쉽고 일반인은 단
지 타락했을 때만 법을 어긴다. 사람들은 군주보다 더욱 신중하
고 안정되고 올바른 판단력을 갖추고 있다. 따라서 군중의 소리

가 바로 신의 소리와 같은 것이다.

16세기를 통하여 마키아벨리는 폭군 전제군주를 지지하고 믿는 사람으로 간주되었다. 이러한 관념은 분명 잘못된 생각이다. 마키아벨리는 《군주론》을 통해서 그의 인격이 알려졌다. 《군주론》이나 《플로렌스의 역사》를 읽는 사람은 마키아벨리가 이론적으로나 실질적으로 공화론자라고 믿지 않을 것이며 군주론을 원하는 사람으로 볼 수 있다. 그러나 그는 분명히 공화국 형태의 정부를 지지하고 있으며 그의 저서 《로마사 논고》에서 분명히 나타내고 있다.

마키아벨리의 사상은 그의 정부형태론에서 찾아볼 수가 있다. 대중적인 형태의 정부는 가장 강건하고 정력적이며 영속적인 정부형태이다. 대신 군주제의 정부는 독선적이고 타락한 단계의 정부형태이다.

마키아벨리가 관심을 가진 것은 질서정연한 형태의 정부와 안정된 형태의 정부를 수립하는 일이다. 또한 그가 희망한 것은 이탈리아가 외국인의 지배로부터 벗어서 나서 법의 존경, 종교의 속박으로부터 벗어나 도덕적인 면에서 지배하는 국가를 만드는 것이 목표였다.

마키아벨리의 군주론과 함께 최대 걸작인 로마사 논고의 두 번째 장에서 군대문제를 다루고 있다. 세 번째 장에서 혁명의 원인과 파멸에 관해서 설명하고 있다. 로마사 논고는 전반적으로 무엇을 다루고 있는지는 군주론처럼 정확하지가 않다. 그러나 일반적으로 볼 때 로마사 논고는 국가와 평화와 전쟁에 있어서 강점과 약점이 무엇이냐 하는 것과 무엇이 안정을 초래하며 무질서와 파괴로 이끄는가 하는 것을 설명하고 있다.

마키아벨리는 그의 저서 로마사 논고에서 국가의 형태는 진보적인 입장에서 강력한 공화제를 주장하고 있다. 군주론에서 마키아벨리는 이미 국민이 점점 부상하고 있다는 의식을 주고 있으며 대중의 중요성 또한 역설하고 있다. 군인과 국민을 비교해볼 때 군주는 군인들보다 국민을 더욱 만족하게 해야 한다.

마키아벨리의 사상은 그의 대표작인 군주론에서 찾을 수가 있다. 마키아벨리의 군주론은 군주만을 위해서 쓰였으며 일반 대중을 위해서 쓴 것은 아니다. 군주론은 군주의 관점에서 이탈리아의 성공을 위해서 쓰여진 수필집이다.

군주란 그의 영역을 넓히고 그의 자리를 잡기 위해서 무엇을 이해하여야 하며 또한 무엇을 하고 하지 말아야 하는 것을 보여주고자 하는 데 목적이 있다. 군주론은 이탈리아의 그 당시 상황에 대해서 언급하고 있으며 마키아벨리가 메디치가의 후견인 자리를 확보하기 위한 희망에서 쓰여졌다.

부패된 사회에서 가장 희망할 수 있는 것은 군주의 성공이라 할 수 있다. 안정과 질서는 그런 상황에서 기대하기 힘들며 국민들 간의 이해와 군주를 서로 분리시켜서 생각할 수 없다. 국민들의 이해가 바로 군주의 이해와 일치한다고 볼 수 있다.

군주의 최대의 이익은 공공의 복지에 있다. 군주는 그의 국민들로부터 애정을 계속 지켜나가야 하며 그렇지 않으면 어떠한 위기도 극복해 나갈 수 없다. 군주가 그의 자리를 지켜나갈 수 있는 견고한 기반은 군중들이 그의 필요성을 느끼는 일이다. 그가 누구이며 그가 무엇을 하던 군주는 그가 대중적인 차원에서 생각을 해야 한다.

몇몇 그룹의 귀족이나 소수의 부유층으로부터 미움을 사는 일은 대중적인 인기를 가지고 있는 군주에게는 중요하지 않으며 대중으로부터 인기가 없는 군주는 파멸의 길로 들어선다. 군주가 기억해야만 하는 것은 국민들이 도움을 받고 있는 한 군주를 지지할 것이라는 것을 기억해야 한다.

군주의 입장에 따르면 국가의 강세와 안전은 대중들의 정신이나 도시민들의 애국심에 달려있다. 군주에 의해서 지배되는 국가에 있어서 부패된 사람들 가운데 공공의 정신이 결여된 사람들만이 충성을 한다. 군주가 국민들의 충성을 확보하는 것은 국민들의 생명의 안전, 명예, 재산을 보호해 주는 일이다.

군주는 실질적으로 시민들로 구성된 군대 없이는 강해지거나 안전할 수 없다. 그러나 비록 강한 시민 군대를 가지고 있다고 하더라도 만일에 군주가 국민들로부터 호응을 받지 못하면 아무런 도움이 안 된다. 군주가 그의 영역을 넓히겠다는 것은 당연하며

노무현 정치사상

건전한 국가는 항상 팽창을 추구하고 있다.

마키아벨리가 군주론에서 암시하고 있는 것은 인간 정신의 끊임없는 불만과 국가는 항상 증가하거나 감소하고 있다는 것이다. 국가는 항상 이웃 국가보다는 강해야 하며 그렇지 못하면 정복당하고 만다.

노무현의 정치철학은 마키아벨리적 관점에서 보면 권모술수를 배제한 정치철학을 가지고 있다. 노무현은 이상을 바탕으로 한 현실외면주의자였다. 가령 한국현실정치에서 가장 중요한 것은 지역주의적 사고를 바탕으로 한 정치를 대부분 정치인들이 기본적 사고로 생각하고 있다. 그런데 노무현은 역으로 생각하고 있다. 자신의 지역에서는 아무리 뛰어난 인물이라도 당선이 불가능하다. 그럼에도 불구하고 노무현은 끝까지 고집을 버리지 않고 정치적 승부수를 던졌다. 이것은 대부분 오랫동안 정치생명을 지키는 약삭빠른 생각을 가진 정치인들은 상상도 못하는 사고다.

이러한 술수가 없이 밀어붙이는 노무현의 사고가 그의 정치철학이라고 할 수 있다. 김영삼의 정치철학인 대도무문과 일맥상통하는 면이 있다. 그러나 김영삼은 3당 합당 등을 통해서 술수를 부리는 정치인으로 국민들에게 비쳐졌다. 술수를 부리지 않는 노무현을 선 굵은 정치인으로 만든 것이다.

그의 정책 역시 이상주의를 바탕으로 하는 정책을 수립해 나갔다. 특히 남북관계에서는 한미공조 관계에서 벗어난 남북한 한민족 공동체 사고를 바탕으로 하는 접근법을 사용하였다. 휴전 이후 미국에 대한 강한 한미공조를 바탕으로 하는 약소국의 적극적 순응정책에서 벗어나서 강대국과 대등한 동맹관계를 형성하는 사고로 인해 미국과 마찰을 크게 일으켰다. 1953년에 맺은 한미동맹 이후 가장 심각한 불협화음을 초래하였다.

이러한 노무현의 이상주의적 사고는 미국 정책결정자들이나 국민들로부터 좌파라는 강한 이미지를 심어주었다. 그런데 역으로 생각해서 노무현의 이러한 역행적인 사고는 상당히 진보적인 사고로서 기존의 남북한 관계의 틀을 깨서 통일을 앞당길 수도 있다는 사고로서 마키아벨리 역시 당시에는 상당히 진보적인 사고를 가진 정책을 제안하였다.

이러한 관점에서 보면 노무현의 정치철학은 마키아벨리의 정치철학과 일맥상통하는 점이 크다고 할 수 있다.

노무현 정치사상

노무현과 맹자의
정치철학

노무현의 정치철학은 고대 중국 춘추전국시대의 정치철학자 공자와 맹자 중에서 누구와 더욱더 가까운가?

이 점에 대해서 노무현의 정치철학은 맹자의 정치사상에 더욱더 가깝다고 할 수 있다. 맹자는 공자의 증손자의 제자에 해당된다. 약 2천5백 년 전 중국이 통일되지 못하고 있던 시절에 공자는 그의 꿈을 펴기 위해서 천하를 철환하였다. 따라서 공자의 철학은 정치철학이라고 할 수 있다. 국가를 구하기 위해서 공자는 약 15년간 중국 천하를 돌아다녔지만 그의 꿈을 이룰 수가 없었다.

공자의 사상은 온건적 보수주의라고 할 수 있다. 우선 국가와 자신의 안정을 들고 있다. 한 국가의 군주가 비록 잘못을 저지르더라도 국가에 어느 정도 이익이 되는 경우에는 군주의 독재를 용인하자는 사상이 공자의 정치철학이라고 할 수 있다. 공자의 사상은 얼마 후 중국 천하를 최초로 통일한 진시황부터 후대의 대부분 왕과 위정자들이 백성 위에 군림하도록 하는 기반을 마련하였다. 따라서 공자의 사상은 계속해서 중국에서 크게 부활하였다. 공자의 시대를 춘추시대라고 한다.

반면 공자에게 직접적으로 학문을 배우지는 않았지만 사상적으로 공자의 학풍을 물려받은 맹자는 공자보다 더욱더 험난한 시대에 살았다. 맹자의 시대를 전국시대라 부른다. 맹자의 사상은 급진적 진보의 철학을 바탕으로 하고 있다. 맹자의 진보적 사상은 양혜왕과의 대화에서 잘 나타나고 있다. 맹자는 왕이 잘못하는 경우에는 백성들이 혁명을 통해서 나라를 바로 세우고 왕을 추방할 수 있다는 사상을 가지고 있다. 바로 그 유명한 맹자의 혁명론이다. 만일 왕이 잘못을 저지르는 경우 백성들은 혁명을 통해서 왕을 추방하여야만 한다는 것이다.

맹자의 사상은 현대 민주주의 사상이라고 할 수 있다. 맹자는 민본위사상을 가진 철학자였다. 국가의 발전을 위해서는 공자의 사상보다는 맹자의 사상을 전파하여야만 한다. 그러나 맹자 이후의 중국의 왕조는 맹자의 사상을 전하지 못하도록 하였다. 반면에 왕에게 절대적으로 복종하라는 공자의 사상을 왜곡하여 전파하였다. 맹자의 생애에 대해서도 정확하게 기록을 없앨 정도로 맹자의 저서 등은 많이 알려져 있지 않다. 19세기부터 중국이 서양 열강국들의 침략으로 국가가 잠든 사자로 전락하자 그때부터 중국은 공자비판사상으로 변하기 시작하였다. 가장 대표적인 인물은 바로 모택동이다. 모택동은 그의 사상에서 공자사상을 비판하고 나섰다.

공자는 사회질서의 안정으로부터 발전이 이루어진다는 사상이다. 역대 수천 년 동안 중국 역사는 공자의 사회 안정에서 국가발전을 추구해 나왔다. 그러나 중국이 서양 강대국으로부터 침략을 당하는 약한 나라로 전락하자 지식인들 사이에 공자 비판사상이 나돌기 시작하였다. 당시 중국 지식인들의 사상을 집대성한 사상이 바로 모택동 사상이다.

모택동은 사회의 불안정이 사회발전을 이루어낼 수 있다는 것이다. 바로 모택동의 진보주의적 사상이 모택동 정치철학이다. 모택동은 마르크스의 노동자 혁명에서 노동자 대신에 농민에 의한 영원한 혁명을 그의 사상의 원천으로 이루고 있다. 공자사상의 평가절하가 시작된 모택동 시대가 지나고 등소평 시대가 도래해면서 공자에 대한 평가가 다시 절상되기 시작하였다. 현재 공자에 대한 재평가가 시도되고 있다.

그러면 노무현은
공자인가 맹자인가?

　노무현의 정치철학은 맹자의 정치철학을 바탕으로 하고 있다. 바로 민중을 바탕으로 하는 정치철학이기 때문이다. 국민들과 함께 잘 사는 세상을 만드는 것이 바로 노무현의 정치철학의 근본이기 때문이다. 노무현이 꿈을 성사시키지 못한 원인은 바로 기득권층인 보수 세력의 거센 저항 때문이었다.

2장

노무현 정치철학의

이상과 좌절

제16대 대통령 선거와
노무현의 승리

제16대 대통령 선거는 노무현의 등장으로 한국 민주주의 역사 발전에 크게 기여하는 계기가 되었다. 2002년 12월 19일에 실시된 대통령 선거에서는 국민과 여론은 김대중 대통령에게 아쉽게 패한 야당의 이회창 후보의 당선이 거의 확실시 된다고 예상하였다.

그런데 2002년에 들어서면서 김대중 대통령의 차남 김홍업과 3남 김홍걸이 비리에 연루돼 구속되면서 여론은 정권교체 쪽으로 기울고 있었다. 이러한 상황에서 민주당은 후계자가 정동영, 한화갑, 이인제 및 김중권으로 경선을 치르게 되었다. 국민경선이 도입되면서 선거는 국민들의 관심을 불러일으켰다. 그중에서 가장 유력 인사는 지난 대선에서 불복하여 대통령 후보에 출마하여 이회창 후보에게 낙선을 안겨 주었던 이인제 후보가 가장 유력시되는 가운데 치러진 후보확정 국민경선에서 노무현 후보가 등장하

2장 노무현 정치철학의 이상과 좌절

면서 돌풍을 일으켰다. 특히 노무현 후보는 광주경선에서 돌풍을 일으키면서 이인제 후보와 정동영 후보를 따돌리고 후보로 확정되었다.

이후 노무현 후보는 김대중 측근 비리로 민주당이 직격탄을 맞으면서 지지율은 반 토막이 나고 말았다. 여기에 월드컵 4강 진출로 인해 축구협회 회장인 정몽준 후보가 갑자기 돌풍을 일으키면서 민주당에서는 노무현 사퇴와 정몽준 영입설이 나돌았다.

노무현은 국민통합 21의 정몽준 후보에게 후보단일화 제의를 하여 결국 국민투표로서 정몽준 후보를 누르고 단일후보로 당선되었다. 후보 단일화로 인해서 노무현 후보의 지지도가 엄청 상승하여 이회창 후보보다 앞서기 시작하였다. 그런데 이인제 후보가 탈당하고 이회창 후보를 지지하고 나섰다. 또한 하루 전날인 12월 18일 밤 10시에 정몽준 후보가 후보 단일화를 파기하면서 노무현은 선대위원장인 정대철 등과 함께 정몽준의 집을 찾아갔으나 정몽준은 만나주지 않았다. 이러한 와중에서 치러진 12월 19일 대통령 선거에서 노무현은 젊은 네티즌들의 동정표를 받아서 이회창 후보를 제치고 대통령에 당선되었다.

선거결과를 보면 노무현 후보가 48.9퍼센트를 얻어 46.6퍼센트를 얻은 이회창 후보보다 2.3퍼센트인 57만910표를 더 얻어서 당선되었다. 선거는 투표율이 역대 최저인 70.8퍼센트의 투표율을 나타내었다.

노무현의 당선은 20-30대의 선거혁명이라고 할 수 있다. 결국 보수 안정을 원하는 50-60대와 개혁을 원하는 20-30대의 대결 구도 속에서 치러진 이번 선거에서는 젊은 층의 개혁 진보가 승리를 거뒀다고 할 수 있다.

특히 선거에 네티즌들의 결집을 강요하는 인터넷이 선거에 미치는 영향이 엄청나다는 것을 실감나게 했다. 노무현은 네티즌들이 돼지저금 통장 깨기 등을 통해서 자발적인 모금을 벌인 것은 이제 한국의 정치발전은 한 단계 더 높은 곳으로 급성장하고 있다는 것을 이번 선거혁명을 통해서 알 수 있다.

컴퓨터에 익숙한 젊은 세대들의 바이러스처럼 확산되는 선거 열기가 결국 노무현을 대통령으로 만들었다. 반면 한나라당의 이회창 후보는 아들 병역사건과 보수적인 사고로 인해서 결국 실패하고 말았다.

이 선거에서 민주노동당의 권영길 후보가 비록 3.9퍼센트이기는 하지만 제2야당을 제도권에 진출할 교두보를 마련했다는 점에서 큰 의미를 부여하고 있다. 또한 노동자들이 오랫동안 체계적 노력으로 인해서 자신들의 권리와 의견을 수렴하여 국회에서 자신들의 권리를 주장할 교두보를 마련했다고 할 수 있다. 이번 선거부터 TV토론 방식 등이 도입되면서 민주주의 제도와 방식을 갖춘 서양선진국들과 대등한 선진화된 국민의식으로 정치문화가 변화되고 있다는 것을 보여주었다.

2장 노무현 정치철학의 이상과 좌절

이번 선거는 한국 정치사에서 획을 긋는 역사적인 선거라고 할 수 있다. 우선 이번 선거는 보수와 진보의 대결이라는 점에서 큰 의미를 부여할 수 있다. 대선 후보자의 성향을 보면 이회창 후보는 한국 보수를 대변하는 인물이다. 이회창 후보는 지난번 선거에서 김대중 후보에게 패하기는 하였지만 보수층들이 대결집하고 있었다. 그는 한국을 대표하는 집안이었다. 특히 이회창 후보는 경기고와 서울법대 및 사법고시를 거쳐서 최연소 부장판사 및 최연소 대법관 등 항상 최연소라는 꼬리표를 붙이고 다녔다.

반면 노무현 후보는 후보 지명전부터 말썽을 일으켰다. 그는 박해받는 한국의 전형적인 서민출신이었다. 학력 역시 돈이 없어서 상고를 나와서 대학을 포기하였다. 그 후 군 제대 후에 공사현장에서 인부로 막노동을 하면서 독학으로 사법고시를 준비하여 합격한 입지전적 인물이었다.

노무현은 사법고시를 1975년도에 합격하였다. 그 당시 사법시험은 지금과는 비교가 안 될 정도로 소수정예만을 뽑는 시험이었다. 이 시험에 그가 독학으로 합격하였다는 것은 그가 강한 의지의 소유자라는 것과 동시에 그가 독특한 성격의 소유자라는 사실을 알 수 있다.

사법시험 합격 후에 그가 택한 길은 정통 법관의 길이 아니라 인권변호사로서의 길을 택했다. 당시는 사법시험에 합격하면 누구나 다 판사나 검사에 임용되어 정통 법조인으로서 길을 걸어갈 수 있었다. 노무현은 처음에는 판사로 임용되었으나 얼마 후 바로 변호사로서의 길을 택했다.

그가 왜 판사를 포기하고 바로 변호사로서 선택했는지는 두 가지 사고를 가지고 있었다고 할 수 있다. 하나는 당시 법조계는 정통 서울법대를 졸업하여 고시를 합격하지 않으면 대법관이나 검찰 수뇌부까지 올라가기가 힘이 들었다. 그 이유는 대부분 최고까지 가는 인맥들이 서울법대 출신들이었기 때문이다. 서울법대가 아닌 전국의 몇 개 대학들이 그다음 그룹을 형성하고 있기는 하였지만 숫자 면에서 다 합쳐보아도 서울법대의 반도 되지 않았다.

따라서 서울법대가 아닌 타 대학 출신들은 부장판사 정도가 그들의 한계라고 할 수 있다. 노무현이 대통령이 되고 나서 사법시험제도를 없애고 로스쿨제 즉 법학전문대학원제를 도입하는 데 앞장선 이유가 바로 서울법대 중심의 특권 의식 속의 법조개혁의 필요성을 몸소 느꼈기 때문이라고 볼 수 있다.

노무현의 개혁성향은 그가 대통령에 당선되면서 한국정치발전에 획기적인 변화를 초래하였다. 대통령의 성격과 정책이라는 주제는 오랫동안 정치학이 가장 발달한 미국학계에서 가장 큰 주제로 등장하고 있다.

가령 마마보이로 자란 앤드류 잭슨 미국 대통령은 모든 정책결정에서 최종 결정은 반드시 어머니에게 물어보고서 안심하고 정책 승낙을 하는 성격을 가지고 있었다. 존 에프 케네디 역시 모험을 즐기는 정책을 택했다. 1962년 소련의 쿠바 미사일 사건이 발생하자 그는 제3차 대전을 각오하고 해상봉쇄령을 내림과 동시에 선전포고를 할 준비를 하였다.

만약 대통령 선거에서 이회창 후보가 당선이 되었더라면 한국의 정치발전은 어떻게 되었을까?

여기에 대해서 생각해 보지 않을 수 없다. 이회창은 오랫동안 법조인으로 이름을 날린 인물이다. 만일 그가 정치계에 차출되지 않았더라면 법조계의 수장인 대법원장 1순위다. 그만큼 그는 법조계에서 후배들로부터 존경받고 있었다. 그러나 정치권에서 그가 대권에서 승리하여 대통령이 되었더라면 점진적인 개혁을 추진해 나갔을 것이다. 그는 모험을 싫어하는 법의 테두리 안에서의 개혁을 추구해 나갔을 것이다. 왜냐하면 그의 성격이 케네디처럼 모험을 즐기는 스타일의 정치인이 아니기 때문이다.

반면 노무현은 개혁적이고 저항적인 기질은 어릴 적부터 나타났다. 이 지면을 이용하여 노무현의 어릴 적 성격을 알아볼 수 있다. 노무현은 어릴 적부터 공부 잘하는 학생이며 줄반장을 할 정도로 우수한 학생이었다. 그가 중학교에 다닐 때 등록금이 없어서 학교에서 쫓겨난 적이 있었다. 그는 학교에 찾아가서 항의를 했다고 한다. 그리고 학교를 그만둘 생각도 했다. 이처럼 노무현은 어릴 적부터 저항적 기질을 타고난 인물이었다.

고등학교는 부산지역에서 가장 명문인 부산고와 경남고와 함께 명문인 부산상고를 다녔다. 경제적인 어려움 때문에 부산상고를 간 것 같다. 당시 부산상고는 가난한 수재들이 다니는 학교였다.

그가 당시 야당의 쟁쟁한 후보들을 물리치고 대통령 후보에까지 올라올 수 있었던 것은 바로 그의 외골수적 기질과 강한 승부욕이라고 할 수 있다.

소위 말하는 바보 노무현이 그를 대통령으로 만든 것이다.

첫째, 그가 강한 승부욕을 가지고 있다는 것은 그가 사법시험에 도전하는 정신에서 알 수 있다. 그는 당시 국가 최고의 시험인 사법고시에 7전8기로 합격하였다. 대부분 사람들은 한두 번 응시하다 실패하면 포기하였을 것이다. 그러나 노무현은 끝까지 포기하지 않고 7전8기의 도전정신으로 사법시험 응시 4번 만에 합격하였다.

다음으로 노무현은 김영삼의 추천으로 정계에 입문한다. 김영삼이 3당 합당을 하면서 대부분 민주계 인사들이 김영삼과 함께 합당을 한다. 그러나 노무현은 김영삼을 따라가지 않고 독자노선을 걸어간다. 이것 때문에 그는 정치계에서 가시밭길을 걸어간다. 만일 김영삼과 함께 3당 합당을 했더라면 그는 우선은 다선의 국회의원이 되었을 것이다. 또한 정치인으로 편안한 삶을 살았을 것이다. 반면 그는 대통령 후보로 당선되지 못했을 것이다. 단지 김영삼의 참모로서 인생을 마쳤을 것이다.

노무현의 외골수 기질은 결국 6전4패라는 정치적 전적을 남겼다. 6번 도전하여 2번만 당선되고 4번은 떨어졌다. 개인적으로 매우 힘든 삶을 살아간 것이다. 그는 편안한 길을 버리고 힘든 길을 스스로 선택하였다. 판사를 그만두고 돈 못 버는 인권 변호사의 길을 택한 그 길부터가 힘든 삶이 시작된 것이다. 스스로 힘든 길을 골라가면서 선택한 것이다.

이러한 그의 기질은 결국 국회에 입문하면서 두각을 드러내기 시작하였다. 노무현은 초선 의원으로서 마침 5공특위 청문회가 열리고 있었다. 노무현은 그의 특유의 액센트와 아낌없는 말솜씨로 청문회 스타가 되었다. 청문회에 출석한 사람들의 간담을 써늘하게 만들었다. 동시에 국민들이 원하는 말을 하여 국민들에게 인기가 절정에 달했다. 여기에다 보수적인 사고를 가진 사람이라면 도저히 상상도 못할 행동을 하였다.

바로 5공 청문회 마지막 날 전두환 전 대통령이 당시 백담사에 은둔하고 있다가 국회에 출석하였다. 전두환은 단순히 미리 준비한 원고를 읽는 데 그쳤다. 여기에 분개한 노무현은 자신의 명패를 전두환에게 던져서 전두환의 간담을 서늘하게 만들었다.

확실히 5공 청문회를 통해서 노무현은 국민스타로 탄생된 것이다. 그때부터 노무현은 국민들에게 각인되기 시작하였다. 또 하나 그는 참모가 되는 길을 택하지 않고 자신의 정치적 스승인 김영삼이 3당 합당할 때 따라가지 않고서 그대로 민주당에 남아서

노무현 정치사상

소위 꼬마 민주당이라는 이름으로 남았다.

이것은 노무현에게 국회의원 선거만 하면 떨어지도록 만들었다. 왜냐하면 한국의 정치풍토는 지역을 기반으로 하는 정치문화가 조성되어져 있었기 때문이다. 또한 대통령 중심제 하에서 여당 1개와 야당 1개로 구성된 정치문화 풍토였기 때문에 제아무리 전국적인 인물이라도 당선이 힘들었다.

노무현은 자신의 정치기반인 부산을 중심으로 국회의원과 부산시장 선거에서 출마하여 떨어지면서 그가 얻은 별명은 바보 노무현이었다. 그 결과 많은 사람들이 노무현의 인물됨을 아까워했다. 그러면서 노무현을 지지하는 세력들이 생기기 시작하였다. 바로 노사모 즉 노무현을 사랑하는 모임이었다.

이 노사모가 예비 국민경선에서 당시 광주를 기반으로 하던 민주당의 유력주자인 한화갑과 이인제를 물리치고 노무현 돌풍을 일으키면서 전국적으로 확산되기 시작하였다.

결국 바보 노무현이 던진 정치 승부수는 승리를 한 것이다. 바로 한국의 민주주의 발전을 위한 선거혁명에서 승리를 한 것이다. 노무현의 인간적인 면은 선이 굵은 삶을 살아왔다고 할 수 있다. 인간적인 면을 보면 인간으로 누구나 배울 점이 있다. 달면 먹고 쓰면 뱉어버리는 정치 풍토 속에서 그는 자신의 특유의 고집을 바탕으로 한 정치 스타일을 발휘하였다. 한국 후배정치인들이 본받아야 할 점을 보여주었다. 결국 인생에서 승리의 여신은

2장 노무현 정치철학의 이상과 좌절

노무현에게 미소를 보냈다.

다음으로 더욱더 중요한 것은 노무현이 집권하는 배경에 대한 설명이 필요하다.

노무현은 김영삼과 결별하고 낙선하면서 정치 낭인 생활을 하고 있었다. 그런데 그에게 나타난 인물은 김대중 야당 당수였다. 김대중은 노무현을 해양수산부 장관으로 발탁하였다. 그리고 김대중이 추천하여 국민경선에 도전해 보라고 했다. 당시 민주당 내에서 정치적 기반이 거의 없었던 노무현은 국민경선제 도입으로 인해서 젊은 층으로부터 절대적인 지지를 받아서 후보가 되기는 했다. 그러나 당시 한나라당 후보인 이회창 후보에게 선거한달 전까지 약 두 배 이상 여론조사에서 뒤지고 있었다. 그러나 당시 국내에서 치러진 월드컵 4강 신화를 이루면서 당시 가장 인기가 있었던 정몽준과의 후보 단일화로 인해서 전세는 역전시켰고 대통령에 당선된 것이다.

결국 노무현의 당선은 위로부터의 혁명이 아닌 밑에서부터의 혁명을 갈망하는 서민정서가 가장 강한 활력소를 불어넣었다. 민주주의는 대중정치다. 민중으로부터 시작된 미미한 미풍이 결국 국민 전체에게로 부는 돌풍으로 변하고 말았다. 특히 중심은 인터넷을 중심으로 하는 젊은 층의 지지였다.

국민을 중심으로 하는 특권과 차별 없는 세상, 지역주의와 금권주의 정치 타파 등이 가장 중요한 요인이다. 또한 스스로 자비

노무현 정치사상

로 한 열성적인 선거운동 등이 선거에서 승리를 부른 중요한 요소로 작용을 하였다. 여기에 더해서 운동권 출신들이 노무현을 강하게 밀면서 열성적으로 선거운동에 참여하였다. 결국 밑으로부터의 선거혁명은 승리를 한 것이다.

2장 노무현 정치철학의 이상과 좌절

2

노무현의
국정철학

노무현 정부는 과거의 정부들과 차별화된 새로운 역사시대 정부
라고 할 수 있다. 김대중 정부까지를 민주주의 개척시대라고 한다
면 노무현 정부부터는 과거 김영삼·김대중 정부가 닦아놓는 터전
을 바탕으로 하여 좋은 집을 지어나가는 정부라고 할 수 있다.

유럽 국가들의 민주주의 역사로 보면 기존의 기본권을 위해서
싸웠던 민주주의를 바탕으로 하여 인간의 삶의 질을 중요시하는
시대에 비유할 수 있다. 서양에서는 이때부터 공리주의 시대가
시작되고 민주주의는 기존에는 개인을 보호하는 차원의 민주주
의에서 사회를 보호하는 중심의 민주주의에서 개인과 사회를 동
시에 보호하는 민주주의 시대로 발전을 거듭하게 된다.

한국 민주주의 역사는 해방 이후에 시작되었다. 따라서 한국
민주주의 역사는 매우 짧다. 이 짧은 기간 동안에 서양이 수백

년 걸려서 이루어 놓은 민주주의의 터전을 불과 수십 년 만에 터를 닦아 놓았다. 그러기 때문에 서양의 민주주의의 터와 비교해 보면 튼튼하다고는 결코 볼 수 없다. 한국의 민주주의도 이제부터는 공리주의를 바탕으로 한 민주주의가 시작된 것이다.

노무현 정부가 바로 그 최초의 정부라고 할 수 있다. 노무현 정부의 국정운영 철학은 국민과 함께하는 민주주의 실현, 더불어 사는 균형 발전 사회건설, 평화와 번영의 동북아 건설을 목표로 하였다.

또한 원칙과 신뢰, 공정과 투명, 대화와 타협, 분권과 자율을 국정운영 방침으로 삼았다.

외교안보 분야에서는 한반도 평화체제 구축, 정치 행정 분야에서는 부패 없는 사회, 봉사하는 행정, 참여와 통합의 정치개혁, 지방분권과 국가균형발전, 경제 분야에서는 동북아 경제주체국가 건설, 자유롭고 공정한 시장질서 확립, 과학과 기술 중심사회, 미래를 열어가는 농어촌 건설 등이다. 사회, 문화, 여성분야에서는 참여복지와 삶의 질의 향상, 국민통합과 양성평등구현, 지식문화 강국, 사회 통합적 노사관계 구축을 국정과제로 삼았다.

인재발탁에는 과거 김대중 정부에서는 정계 주류와 재야의 주류인사들을 발탁한 데 반해서 비주류를 중심으로 발탁하였다. 비주류 중심으로 젊고 개혁성향의 인사, 새천년 민주당의 신 주류와 386세대, 시민단체와 진보적 학자그룹, 운동권 출신 등을

2장 노무현 정치철학의 이상과 좌절

발탁하는 인사정책을 추구해 나갔다. 또한 정경유착의 단절, 권위주의 청산, 시민사회의 성장을 가장 큰 목표로 삼고서 사회를 개혁해 나가는 데 주력하였다.

노무현 정권의 국정운영은 김대중 정부에서 추진하던 권위주의 청산, 정경유착의 단절의 목표를 그대로 추진해 나가는 데 역점을 두었다.

노무현과 정책결정자들
386세대

노무현 정권 창출에 결정적인 역할을 한 인물들은 바로 386세대의 운동권 출신들이라고 할 수 있다. 386세대란 무엇을 의미하는가?

386세대란 90년대 만들어져 시중에 나온 컴퓨터 386을 본따서 지은 이름이다. 즉 60년대 출생하여 80년대 대학을 다닌 90년대 나이가 30대인 사람들을 말한다. 좁은 의미로 말하면 386세대는 학생 운동권 출신들을 말한다. 이들은 학생 운동권 1세대들인 4.19 세대와 그보다 조금 아래인 학생운동권 2세대인 6. 3세대와 구별하기 위해서 만든 운동권 출신들의 용어라고 할 수 있다.

학생 운동권의 역사는 1960년에 일어난 4.19 혁명에서 시작되었다. 4. 19 학생 혁명 1세대의 주역은 이기택 전 민주당 총재를 들 수 있다. 다음으로 1964년에 일어난 한일회담 반대시위인 6.3 사태 데모라고 할 수 있다. 이 사건의 주역은 김덕룡 전 한나라당 부총재이다. 이처럼 학생운동권 출신들이 정치에 관여하는 경우가 자주 있었다. 대부분 이들은 서울의 주요대학 학생회장 출신이다.

그러나 노무현 정부에 들어서면서 학생운동권 출신들을 대거 정치에 영입하여 그들이 한국정치사에 깊이 관여하면서 한국정치를 좌지우지하고 있다. 그 이유는 노무현 대통령이 집권하면서 새 정치의 수혈대상으로 바로 386세대를 중심으로 정치를 하였기 때문이다.

그러면 386 운동권과 노무현과의 관계는 어떠한가?

노무현이 386과 인연을 맺은 것은 1981년 당시 노무현이 변호사로 부림사건을 맡으면서 인연은 시작되었다. 부림사건은 부산 학림사건을 말한다. 부림사건은 1981년 부산에서 사회과학 독서모임을 갖던 학생, 교사 및 회사원 등 22명을 경찰이 구속한 사건이다.

경찰은 이들을 영장 없이 불법감금하고 고문해서 기소한 사건이다. 이 사건은 부산에서 발생한 용공사건 중에서 최대 규모의

노무현 정치사상

조작사건이다. 이 사건은 이후 민주화 운동으로 인정받았다. 당시 이 사건을 맡았던 변호사는 김광일이다. 김광일 변호사는 후에 김영삼 정부에서 청와대 비서실장을 지낸다. 또한 이 사건은 문재인 변호사가 함께 맡으면서 문재인은 노무현과 정치적 동지가 된다. 부림사건을 계기로 노무현은 386세대들과 교유하면서 친분을 쌓는다. 노무현은 스스로 80학번이라고 불렀다. 노무현이 집권하면서 그는 대거 386세대들을 정계에 입문시켜 이들을 최측근에 배치한다.

노무현은 부산대학의 81학번 이호철을 민정수석으로 임명한다. 또한 386세대 출신인 안희정과 이광재를 좌희정 및 우광재로 불릴 만큼 이들을 가까이하였다. 안희정은 현재 충남도지사이며 이광재는 청와대 초대 국정상황실장을 역임하고 후에 강원도지사를 지냈다. 또한 서갑원을 청와대 의전 비서관으로 백원우를 국회의원으로 발탁하여 386세대들에게 결국 포위당해서 정치를 하였다. 결국 이들 386세대들이 노무현을 좌지우지하면서 노무현 정권 5년을 흔들어 댔다. 그들의 권력이 어느 정도였는지는 후에 노무현이 그들에게 이제 나를 좀 놓아달라는 말을 할 정도로 노무현 참여정부는 그들의 역할을 컸다.

노무현은 청와대에 취임하면서 마음에 맞는 사람들과 함께 일하겠다고 밝혔다. 이것은 후에 말하는 코드인사라는 말이다. 노무현은 말을 돌리거나 숨기는 인물이 아니었다. 그의 말 스타일

2장 노무현 정치철학의 이상과 좌절

은 그대로 직선적인 표현을 하였다. 그가 청문회 스타가 된 이유는 미사여구를 사용하는 것이 아니라 투박하면서 진실을 담은 직선적인 말을 하였기 때문에 국민들로부터 공감대를 형성한 것이다.

노무현이 청와대에 들어가면서 약 37퍼센트에 해당하는 청와대 비서관 자리를 386 운동권 출신들이 장악한다. 이들은 대중적인 기획안을 주로 작성하여 청와대 수석이나 대통령에게 보고하였다. 그중에서도 가장 중요한 자리인 국정종합상황실장 자리에 당시 38세인 연대 운동권 출신인 이광재를 기용하였다. 또한 386세대들은 청와대 입성과 함께 2004년 노무현 탄핵 역풍에 힘입어서 실시된 17대 총선에서 무려 20여 명이 국회로 진출하였다.

이것은 386세대가 노무현 정부에서부터 나타나기 시작하면서 한국 정치의 상징인 청와대와 국회를 386세대들이 잡아 나가기 시작하였다. 또한 이들은 북한체제에 대한 포용성과 반미주의 사상의식이 매우 강한 인사들이었다.

1980년대 386세대들은 전두환 독재정권에 강하게 항거하여 노태우 정권에서 1987년 6.29 선언을 얻어내는데 크게 기여했다. 결국 386세대들은 한국 민주화운동에 크게 기여했다. 만일 386이 없었더라면 한국의 민주화는 더욱더 늦은 속도로 행보하였을 것이다.

386세대 운동권 출신들의 성향을 분석하면 당시 NL파와 PD파로 분류된다. NL파는 한국의 분단은 미국의 외세 때문이라는 전제하에 미군철수와 한미 FTA 반대를 주도한다. 여기에 주사파는 김일성 주체사상을 바탕으로 한다. 반면 PD파는 마르크스 레닌 사상을 바탕으로 하여 계급 없는 사회인 사회주의 건설에 주력하자는 사고를 가지고 출발한다. 이들은 노동자와 농민과 시민들을 움직여서 사회를 개혁하자는 것이다. 재벌개혁에도 중점을 두고 있다. 따라서 이들은 대부분 노동운동에 주력한다.

386세대들은 1990년 시민단체와 노동계, 언론계 등에서 활동하다 야당의 정권교체와 함께 본격적으로 정계에 입문한다.

이념주의적 사고를
바탕으로 하는 국정운영

노무현의 사고는 관념주의적 사고를 바탕으로 하고 있다. 현실과 이상주의에서 노무현은 이상주의자이다. 그는 현실을 무시한 이상을 중시하면서 국정을 운영하는 진보주의 개혁가였다. 그의 이러한 이상주의적 사고는 현실을 중시 여기는 보수주의적 사고와 크게 부딪치게 된다.

현실을 바탕으로 한 점진적인 개혁이 아닌 급진적 개혁을 주도하면서 모든 면에서 큰 진전과 성과를 내지 못했다. 특히 진보적 사고를 바탕으로 한 권력기관인 보수언론 개혁, 국정원 개혁, 검찰 개혁, 국세청 개혁 등에 손을 댔지만 큰 성공을 거두지 못하고 자신이 권력을 내려놓은 후에는 그 개혁의 칼이 자신에게 돌아오면서 개혁의 칼을 피하기 위해서 벼랑 끝으로 몰리는 입장에 처하게 되었다.

노무현의 이상주의 사회 건설을 위한 그의 이상주의적 개혁사고는 국내외의 모든 문제에서 마찰을 불러왔다. 그 결과 그는 대통령으로서는 처음으로 탄핵 대에 올라가게 되었다. 국외적으로는 미국과의 관계에서 불협화음을 만들면서 한미관계가 역대 정권 중에 가장 큰 불협화음을 낳게 되었다.

그가 추구하는 평등사회는 이상적 신자유주의를 채택하면서 그는 오히려 사회의 양극화 현상을 초래하게 되었다. 양극화 현상은 노무현이 추구하는 평등사회와는 정반대의 현상을 낳고 말았다. 기업이나 조직에서 비정규직의 대량 양산현상을 초래하면서 사회는 실업자와 실직자가 많이 생겨났다.

동시에 서민들의 편안한 삶을 추구하는 노무현 정부는 집값 폭등을 비롯하여 부동산 정책에서 실패하면서 서민들의 생활을 더욱더 힘들게 만들었다. 사회적으로는 부익부빈익빈 사회를 만들었다. 이러한 부동산 정책의 실패를 비롯하여 자신이 목표로 세웠던 정책 중에서 상당수가 실패로 돌아갔다. 그 원인은 바로 현실을 무시한 이상주의적 진보적 사고를 바탕으로 한 개혁정책을 추진해 나갔기 때문이다.

진보를 바탕으로 하는 개혁은 대부분 자칫 잘못하는 경우 실패하게 된다. 그 원인은 진보는 현실보다 한발 앞선 사고를 가지고서 출발하기 때문이다. 노무현이 추구하는 세상 살맛나는 사회 개혁은 이상은 옳은 것이다. 그러나 거기에 맞는 정책이 조율되어져서 추진해 나가야만 한다.

노무현과 주변 인물들은 개혁적 성향으로 국민들을 위한 정치를 실현하고자 했다. 그런데 노무현과 그 주변인물들이 추구한 서민을 위한 정책은 결국은 역효과를 일으키고 말았다. 그 이유는 자신이 생각하는 것과 실지로 하는 일에 대한 결과는 다른 효과를 가져오는 경우가 허다하기 때문이다.

노무현이 추구한 정책이 실패로 끝난 이유가 바로 그는 현실을 외면한 이상주의적 사고를 바탕으로 하고 있기 때문이다. 역사적으로 동서양을 막론하고 개혁주의자들은 초기에는 실패하는 경우가 허다했다. 그 이유는 바로 보수집단의 반발 때문이다.

노무현이 추구한 개혁은 보수들이 가지고 있는 기득권을 박탈하여 그것을 일반 서민들에게 돌려주겠다는 의도이다. 이러한 과정에서 보수집단들의 강한 저항에 부딪치게 된다. 보수는 자신이 가지고 있는 기득권 상실의 방지를 위해서 진보가 추구하는 길에 방해를 놓기 시작한다. 결국은 치열한 싸움으로 변하게 된다. 이 과정에서 국민들이 진보 쪽으로 돌아서야만 한다.

몇 가지 예를 들면 중국의 대 개혁가인 중국 송나라의 왕안석을 들 수 있다. 왕안석은 백성들을 위해서 개혁안을 내어놓았지만, 너무 급진적인 사고를 가진 개혁이라 여러 세대를 두고 개혁안이 통과되지 못했다.

그러나 마침내 신종 때 왕안석의 개혁안이 받아들여지기는 하

노무현 정치사상

였다. 그의 개혁안은 서민들을 위한 개혁안이었다. 그런데 당시 기득권 세력인 관료와 대지주와 대상인들의 반대에 부딪쳐서 결국은 실패로 돌아갔다. 결국은 보수와 진보의 대결에서 왕안석이 실패한 것이다. 그 결과 오히려 탐관오리가 더욱더 늘어나고 국가는 더욱더 어지럽게 되고 말았다.

가장 큰 이유는 왕안석이 현실을 무시한 너무 급진적인 사고의 인물이었다. 왕안석은 보수와의 타협을 모르는 인물이었다. 바로 한국의 노무현이 중국의 왕안석에 해당되는 인물이다. 서양의 프랑스 혁명이 성공을 거둔 이유는 보수와 진보의 대타협이었기 때문이다.

자코뱅파와 지롱드파가 보수와 혁신의 대 타협 속에서 이루어진 혁명이기 때문에 결국은 프랑스 혁명은 성공을 거둔 것이다. 진보가 성공을 거두기 위해서는 절대로 현실을 무시한 정치를 해서는 안 된다는 것이 바로 노무현 정권이 보여준 실례다. 노무현은 386세대들의 현실을 무시한 이상주의적 정치를 벗어나지 못했다. 현실을 외면한 순수한 이상정치는 반드시 현실을 바탕으로 하는 보수에게 밀리게 마련이다. 결국 노무현 이상주의 정치는 큰 결과를 낳지 못했다.

일본이 서세동점 시대에 동양 삼국 중에서 가장 먼저 개혁에 성공한 이유는 무엇인가?

현실을 외면하지 않은 이상주의적 개혁을 추구해 나갔기 때문

2장 노무현 정치철학의 이상과 좌절

이다. 바로 국민들의 지지를 받았기 때문이다. 일본은 260년간 계속된 도쿠가와 막부 정치가 막을 내린 이유가 바로 국민들의 지지를 얻는 현실주의이기 때문에 성공한 것이다. 노무현 정부의 안보정책이 실패한 원인도 바로 현실을 외면한 정책이다. 실무진들이 대부분 북한에 대해서 포용주의 내지는 친북성향의 인물들이 외교안보 라인에 포진해 있었기 때문이다.

사실상 그들의 사고는 당시 상황으로 봐서는 매우 진보적 사고임에 틀림없다. 그러나 문제는 보수주의자들이 보는 관점에서는 너무 앞선 위험한 사고임에 틀림없다. 특히 대부분 정책결정자들이 반미주의적 사고에 사로잡혀 있었기 때문이다.

노무현 정부의 대미정책과 대북한 정책의 기초를 이루는 외교안보 정책라인을 알아볼 필요성이 있다. 노무현 정부의 외교 안보라인은 NSC 즉 국가안전보장회의가 중심기관이었다. 국가안전보장회의는 대통령, 국무총리, 통일부장관, 외교통상부장관, 국방장관, 국가정보원장, 국가안보보좌관과 대통령이 정하는 위원들로 구성되어졌으며 대통령이 의장이다.

그 당시 구성 멤버들을 보면 고건 총리, 정세현 통일부 장관, 윤영관 외교통상부 장관, 조영길 국방부 장관, 라종일 안보보좌관 등이 구성 멤버다. 라종일 안보보좌관이 사무처장과 상임위원장을 겸했다. 실무적인 차원에서 NSC를 총괄하는 자리에는 사무차장이며 나중에 통일부 장관을 하는 이종석이 맡았다.

그런데 노무현 정부의 외교안보라인이 처음부터 삐꺽거리기 시작하였다. 그 이유는 386세대와 실무진 팀과의 마찰 때문이었다. 대부분 386세대들은 자주 외교를 바탕으로 하는 외교 정책을 추구하자는 주장이다. 다시 말하면 한민족 공동체 의식을 중시하는 사고다. 반면 다른 팀은 한미동맹을 중시하는 외교안보라인을 구성하자는 주장이다.

386세대들의 강한 주장과 실무팀들의 협상으로 인해서 초기 NSC 멤버들은 절충식 인사그룹으로 구성되었다. 실무팀은 주로 자주외교를 중시하는 멤버로 구성되었다. 반면 상위직은 한미외교를 바탕으로 하는 멤버들로 구성되었다. 실무그룹은 이종석 사무처장, 이봉조 정책조정실장, 서주석 전략기획실장 등은 남북한 공동체 의식을 중요시하는 그룹으로 형성되었다. 이러한 구성은 결국 한미공조중심파와 남북한 공동체 중심파 간의 심한 대립 양상을 초래하여 외교안보 노선에 심한 갈등현상을 초래하게 되었다.

그 결과 우선적으로 나타난 현상은 노무현 스스로가 반미주의 진영에 있었다. 그럼에도 불구하고 노무현이 한미공조파들의 의견을 받아들여서 결국 이라크 파병안에 동의하면서 386세대들의 강한 저항 속에 외교안보라인은 강한 마찰을 빚게 되었다.

당시 노무현 외교안보라인의 핵심 멤버들은 누구인가?

우선 이종석을 들 수 있다.

2장 노무현 정치철학의 이상과 좌절

이종석은 성균관대 행정학과 출신으로 동 대학원에서 정치학 박사를 받았다. 세종연구소에서 연구원으로 근무하다 노무현 정부에서 통일부장관을 지냈다. 이종석은 남북한 공동체 의식을 강조하는 친북한주의자로 분류할 수 있다.

다음은 윤영관을 들 수 있다. 윤영관은 서울대 외교학과와 미국 존스 홉킨스대에서 국제정치학 박사학위를 받고 서울대 교수로 재직하였다. 보수 온건 노선을 걷는 친미주의적 성향이라고 할 수 있다.

그리고 라종일을 들 수 있다. 라종일은 서울대 정치학과와 영국 캠브리지대에서 정치학 박사학위를 받았다. 경희대 교수를 거쳐서 국정원 차장 등을 거쳤다. 김대중 정부시절부터 북한에 대해서 가까운 노선을 걸은 온건노선을 걸어왔다.

다음으로 반기문을 들 수 있다.

반기문은 서울대 외교학과와 외무고시를 거친 정통관료 출신이다. 외교수석과 외교차관 등을 거쳤다. 중립적인 입장을 고수하고 있다.

노무현 정부에서 외교 안보라인에 중요한 영향을 미친 인사들은 386세대들과 함께 노사모 즉 노무현을 사랑하는 모임이라는 팬클럽이다. 노사모가 결성된 것은 노무현이 부산에서 계속해서 낙선하면서 사람들의 생각에는 인물은 충분하지만 결국 지역감정 때문에 노무현이 계속 떨어진다는 동정심에서 부산지방을 중심으로 하여 노사모가 결성되면서 전국적으로 확산되었다.

그 후 노사모는 노무현 정권 창출에 결정적인 역할을 한다. 그 중심인물들을 보면 노혜경, 명계남, 문성근 등을 들 수 있다. 이들은 386세대들과 함께 친북 성향이 매우 강한 인물이었다. 따라서 노혜경과 명계남, 문성근 등은 노무현에게 정치 및 모든 분야에서 절대적으로 영향력을 행사하는 인물이었다.

청와대 외교안보전략에서 386세대들이 자신들의 뜻대로 움직이지 않자, 그들은 곧 행동에 들어갔다. 특히 이라크 파병안 통과 등 안보라인이 친북이 아닌 친미성향을 비치자 386세대들이 쿠데타를 일으킨 것이다.

청와대 의전실 소속 이종헌은 외교부에 파견 나온 청와대 행정관이었다. 이종헌은 2006년 1월 국가 3급 기밀문서를 유출하여 당시 열린우리당 최재천 의원에게 전달했다. 이종헌은 외교부 노사모로 불릴 정도로 노무현은 물론 386 자주파들과도 상당한 친분이 있는 사이였다. 청와대 기밀문서 유출 사건은 친미주의파들을 견제하기 위한 반미주의자들이 일으킨 사건이라고 할 수 있다.

여기에 반미 친북주의자들은 용산미군기지 이전과 관련하여 미국 측 주장을 대부분 수용하였다는 비난을 하였다. 또한 협상과 관련된 비밀문서를 민주노동당 노회찬 의원에게 전달하였다. 이 당시 강경 반미주의자들은 노무현과 가장 가까운 운동권 출신으로 당시 국정상황실장 이호철, 연설기획비서관 윤태영, 의전

2장 노무현 정치철학의 이상과 좌절

비서관 천호선, 대통령 제1 부속실장 문용욱 등 핵심 참모진이다. 이들은 친노 386을 비롯하여 386을 추종하는 파견공무원 등약 40여 명에 달했다. 이들의 공격대상은 친미주의 노선을 걷고있는 이종석 등을 공격 대상으로 삼았다.

청와대의 386세대의 반미 강경 노선을 걷고 있는 세력들은 친미주의 노선을 걷는 외교부 북미국과도 갈등이 심화되기 시작하였다. 외교부 북미국 직원들이 노무현과 청와대 반미 강경파들을 회식자리에서 비판한 것이 시발점이 되었다. 이 사건을 청와대에 알린 사람은 외교부 조약국 과장이었던 이성헌이었다. 이 문제로 북미국과 직원들이 전원사표를 냈고 외교부 장관이었던 윤영관도 경질되고 말았다. 이 문제로 한미관계에서 중도적인 입장을 취하면서 한미관계를 이끌었던 세력은 결국 친북주의 강경노선주의 자들에게 몰락당하고 말았다.

결국 노무현의 대미, 대북 외교노선은 탈미국 정책과 친북한주의 정책을 두고서 혼선을 초래하게 된다. 이종석은 당시 386 강경노선의 주자들의 제거대상 1순위였다. 이종석은 원래 386세대들과 같이하는 친북주의 노선을 고수하였으나 얼마 후 친미주의 성향으로 변하면서 386들의 제거대상으로 표적에 올랐다. 그러나 이종석은 여기에 대해서 친미주의자인 윤영관을 내리치면서 평소 자신과 가까운 386라인 쪽으로 호흡을 같이하게 된다. 이 사건을 계기로 이종석은 실질적으로 NSC를 장악하게 된다. 그러나 이

사건을 계기로 이종석은 친미주의자로 몰려서 386 강경노선을 걷는 세력들에게 집단공격을 또다시 받게 된다. 이러한 혼란 속에 노무현은 이종석을 통일부장관으로 발탁한다. 이후 노무현은 친미파와 친북파 간의 사이에서 외교라인은 혼선을 거듭하게 된다.

5

진보적 노무현의
대북 정책

노무현 정부의 남북관계는 김대중 정부에서 추구한 햇볕정책 즉 포용정책을 이어받았다. 김대중 정부와 다른 점은 남북한 공동체 의식이 매우 강한 한민족중심의 남북관계를 유지시켜 나가려고 노력하였다. 남북관계에서 우리와 동맹관계를 맺고 있는 한미동맹보다 한민족공동체를 바탕으로 한 남북관계를 풀어나가려고 노력하였다.

북한이 2006년 7월과 10월 장거리 미사일 실험과 핵실험을 하면서 중단된 6자회담을 재개하려고 노력하였다. 2007년 2월 13일 합의서를 작성하였다. 2007년 10월 2일부터 4일까지 판문점을 통해서 북한을 방문하여 김대중·김정일 남북정상회담 이후 두 번째로 김정일과 정상회담을 하여 8개 조항의 공동선언문을 발표하였다. 또한 금강산 관광에서 개성관광과 백두산 관광을 포함시켰다.

노무현 정부의 남북한 간의 대북정책은 남북한 간의 긴장을 완화시키는 데 상당한 기여를 한 것은 사실이다. 그러나 문제는 우리 남한 측이 북측에 끌려다니는 느낌이 날 정도로 북한에 대해서 너무 우호적인 입장의 남북관계를 유지해 나갔다는 평을 받고 있다.

북한에 대해서 유화정책을 추진하여 북한과 화해 협력관계를 유지하여 한반도 평화를 유지해 나가는 것은 좋은 생각이다. 그러나 남측의 노무현 정권은 북한에 대해서 경제적으로는 충분한 보상과 혜택을 주면서 북측의 눈치를 보는 유약한 입장의 남북관계라는 혹평을 받고 있다. 그 결과 북한은 남한에 대해서 도발행위는 자제하였지만, 남한에 대해서 경제적 수혜를 보면서 남북관계를 주도해 나가는 우위를 점하게 되었다.

노무현 정부가 북한에 대해서 북한 눈치보기 전략으로 북한에 퍼주고 끌려다니는 남북관계의 보이지 않는 이면을 생각할 수 있다.

앞에서도 언급한 것처럼 노무현을 움직이고 있었던 집단은 바로 386세대들이었다. 노무현 자신은 대학을 나오지 않았지만 이미 386세대들과 정치적 동지로서 출발하고 있었기 때문에 노무현의 대북 사상이 바로 386세대들과 같은 사상이라는 맥락에서 이해할 수 있다.

386세대들은 NL파와 PD파로 나눈다. NL파는 대북 사상에 있어서 한민족 공동체 의식이 강한 친북주의 사상을 바탕으로 하

2장 노무현 정치철학의 이상과 좌절

고 있다. 이 중에서도 NL파 중에서도 주사파는 김일성 주체사상을 바탕으로 하고 있기 때문에 더욱더 남북한 통일에 있어서 반미주의 사상이 강한 집단이다. 동국대 강정구 교수와 같은 사고는 주사파로서 강한 김일성 주체사상을 바탕으로 하고 있다.

노무현이 가지고 있는 사상은 386세대들이 남북 분단의 원인을 미국책임론에 두고 있다. 이들은 반미주의를 바탕으로 한 탈 미국과 자주사상을 바탕으로 형성된 사고이다. 이러한 급진적인 사상은 미국 시카고 대학 교수인 브루스 커밍스의 사상을 보면 알수 있다.

브루스 커밍스는 미국의 주도하에 남한만의 단독 정부를 수립하는 바람에 북한이 남북한 통일을 목적으로 전쟁을 일으켰다는 것이다. 따라서 남한이 미국의 사주가 없었다면 남한만의 단독정부를 수립하지 않았을 것이다. 또한 한반도 통일전쟁인 한국동란은 일어나지 않았을 것이라는 주장을 펴고 있다. 그러나 남한이 미국의 영향권으로부터 벗어나면 북한 역시 자연스럽게 한반도 평화통일에 동조하여 평화적 통일을 이룰 수 있도록 만든다는 것이다. 따라서 한반도 통일을 방해하는 주범이 바로 미국이라는 사고를 386 주사파들이 가지고 있는 핵심사고인 것이다.

노무현 역시 정치적 동지로서 386과 함께 참여정부를 수립하고 그들과 함께 정국을 운영하겠다고 말한 바 있다. 따라서 노무현의 대북한 사고를 연구·분석할 필요성이 있다.

우선 노무현은 당시 동국대 교수이며 북한에 2001년 8.15 평양 축전에 참여한 강정구에 대해서 노무현 정부가 행한 태도를 볼 수 있다. 강정구는 평양축제에 참석하여 방명록에 "만경대 정신 이어받아 통일 위업 이룩하자."라고 썼다. 친북논란이 일면서 국가보안법 위반혐의로 구속 기소되었다. 이에 노무현은 당시 법무장관 천정배를 시켜 천정배가 헌정사상 처음으로 자의권을 발동하여 불구속을 지시하였다.

　노무현 정부는 북한에 대해서 주적이라는 말을 국방부가 삭제하도록 했다. 또한 노무현 정부는 국가보안법 폐지에 대해서 언급하면서 당시 야당과 시민단체 등과의 논란으로 국가가 혼란에 빠졌다. 결국 그 국가보안법 폐지는 성사되지 못했다.

　재독학자인 송두율 문제에 대해서도 노무현 정부는 강력한 대응을 하지 못했다. 송두율은 2003년 한국에 귀국하였다. 그런데 송두율은 북한 공산당 서열 23위이며 북한 이름은 김철수였다.

　송두율은 김일성 부자를 면담하고 북한을 수차례 방문한 경험이 있는 인물이었다. 또한 송두율은 국정원 심문에서 김일성을 훌륭한 존경받을 인물이라고 김일성을 찬양하였다. 이런 송두율이 결국 독일로 돌아가도록 하였다. 또한 2006년 10월에 적발된 일심회 사건은 민노당 간부들이 대남공작 활동을 벌인 사건이다. 그러나 이 사건 역시 흐지부지되고 말았다.

　북한의 핵문제에 대해서 노무현 정부가 취한 조치는 노무현이

2장 노무현 정치철학의 이상과 좌절

한민족 공동체 의식이 강하고 반미 성향의 386세대들과 같은 맥락에서 이해할 수 있다. 노무현 정부는 북핵이 한창이던 2003년 베이징에서 개최되었던 북핵 회담에 초청받지 못했다. 이것은 북핵 문제의 당사자인 남한이 북한의 핵개발 문제에 관심이 없다는 것을 의미한다. 또한 노무현은 북한의 핵개발 문제에 대해서 북한을 인도에 비유하면서 인도는 국제사회에서 핵개발을 허용하면서 왜 북한은 핵개발을 허용하지 않는가 하는 의문을 제기하지 않을 수 없다는 북한 두둔 발언을 하였다.

노무현은 2006년 신년 기자회견에서 미국이 북한의 붕괴를 바란다면 한미 간의 마찰이 일어날 것이다. 라는 말을 하여 부시정부의 대북정책을 공개적으로 비난했다. 또한 노무현은 향군 지도부 초청 간담회에서 북한이 핵을 개발하는 것은 선제공격용이 아니라 방어용이라고 말했다. 이처럼 노무현은 북한을 두둔하는 발언을 하면서 한미동맹 관계에 마찰이 생기도록 만들었다.

북한이 2006년 10월 9일, 1차 핵실험을 단행하였음에도 불구하고 북한의 핵무기 위협을 과장해서는 안 된다고 말했다. 동시에 북한의 핵무기 개발로 한반도의 군사균형이 깨지지는 않는다고 말했다. 또한 노무현 정부는 북한의 핵개발 실험에도 불구하고 금강산 관광유지 및 개성공단 운영 등 종전의 대북제재 결의에 소극적으로 임했다.

6

노무현 정부의
안보정책

노무현 정부의 대북정책은 평화번영정책이다. 이것은 김대중 정부의 포용정책을 계승한 것이다. 평화번영정책은 한반도에 평화를 증진시키고 남북공동번영을 추구하여 평화통일의 기반을 조성하여 동북아 경제중심 국가로 발전의 토대를 마련하고자 하는데 의미를 부여하고 있다.

노무현 정부가 추구하는 평화번영정책의 목표는 한반도 평화증진과 공동번영추구이다. 남북관계를 주변 국가들과 협력하여 북핵문제를 평화적으로 해결하고자 한다. 또한 이를 토대로 하여 남북한의 실질적인 협력증진과 군사적 신뢰를 구축하고자 하는데 역점을 두고자 한다. 이를 위해서 노무현 정부는 모든 남북한 문제는 대화를 통해서 문제를 해결해 나가는 데 역점을 두고 있다. 한반도는 지구상에서 유일하게 냉전이 종식되지 않은 지역으로서 무력충돌을 피하고 모든 문제를 대화를 통해서 해결한다는 것이다.

다음으로 상호신뢰와 호혜주의를 바탕으로 한 대북정책을 추구한다는 전략이다. 동북아 지역은 비록 같은 유교문화권 국가이기는 하지만 역사와 전통을 달리하기 때문에 각 국가들에 대해서 서로를 인정해 주자는 전략이다. 또한 남북당사자 원칙에 기초한 국제협력이다. 한반도 평화체제 구축과 남북경제 공동체 형성은 당사자인 남북이 협의 하에 추진해 나간다는 전략이다.

그리고 국민과 함께하는 정책이다. 평화번영정책을 추진하는 과정에서 국민의 의견을 묻고 국민의 의견을 수렴하여 투명성을 바탕으로 하는 대북한 정책을 수립해 나간다는 전략방안이다.

대북한 전략방안으로서는 단기·중기·장기의 3단계로 목표를 설정하여 추진해 나간다는 전력이다. 단기적 목표로서는 북한 핵 문제 해결이다. 이를 위한 3대 원칙으로는 북한 핵 불용 및 대화를 통한 평화적 해결을 위해서는 남한이 적극적으로 나선다는 것이다. 대량파괴 위기를 피하기 위해서는 핵 및 미사일 문제 해결을 위한 대규모 대북 경제 협력조치를 단행한다는 것이다.

중기적인 목표는 단기목표를 토대로 남북한 실질적인 협력의 증진과 군사적 신뢰구축을 실현하고 북미 및 북일 관계의 정상화를 지원하고 한반도의 평화체제를 구축한다는 것이다. 한반도 평화체제 구축을 위해서는 남북한 당사자 해결원칙과 국제사회의 협력확보를 바탕으로 한다. 국제사회의 협력을 위해 북미 및 북일 관계 정상화에 대한 지원 및 새로운 국제환경을 조성한다는 전략 방안이다.

장기적 목표는 남북공동 번영을 추구하여 평화통일의 실질적인 기반을 마련하여 나아가서 동북아에서 경제중심의 국가 건설을 위한 토대를 마련한다는 것이다. 동북아 중심국가로 만든다는 것은 한국을 동북아에서 관광, 무역 등 모든 산업의 경제관문으로 만들어나간다는 전략이다.

노무현 정부가 추진한 전략 중에서 첫 번째 전략은 북한 핵문제 해결이었다. 북한의 핵 불용이었으나 추진과정에서 북한과의 공조에 너무 치중한 결과 큰 성과를 거두지 못하고 말았다. 노무현 정부의 북핵 불용 문제에 대해서 소극적인 태도는 한미동맹관계에서 불협화음을 초래하였다.

김대중 정부는 북핵문제 해결을 위해서 주변 4강을 비롯하여 국제사회와 공조하여 북핵문제를 해결하고자 하였다. 그러나 노무현 정부는 미국과 일본 등 주변 국가들의 공조를 끌어내는 데 실패하면서 국제사회에서 북핵문제와 관련하여 소외당하는 지경에 이르렀다. 그 결과 노무현 정부의 평화번영정책은 국민적 합의를 얻어내는 데 실패하고 말았다. 북핵문제를 근본적으로 해결하기 위해서는 동북아 국가들과 주변 4강들과 관계를 원만한 유대관계를 지속해 나가야만 한다. 그런데 노무현 정부는 일본과의

2장 노무현 정치철학의 이상과 좌절

독도문제와 야스쿠니 신사참배 등을 심한 갈등상태로 만들었다. 동시에 중국에 대해서도 동북공정의 역사왜곡 사건을 문제로 관계가 악화되었다.

북한과의 정전문제에 있어서 노무현 정부는 정전체제 종식 및 평화체제 구축을 강하게 강조하고 성사시키려고 노력하였다. 문제는 정전은 한국동란 당시 북한과 미국이 맺은 정전협정이기 때문에 미국의 협력 없이는 불가능하였다. 따라서 정전체제종식을 얻어내기 위해서는 미국과의 관계 정상화가 더욱 시급한 문제였다. 부시 행정부와 노무현 정부 사이에는 신뢰의 금이 가기 시작하면서 한미동맹은 마찰을 초래하게 되었다.

10.4 남북공동선언과 의의

노무현 대통령은 2007년 10월 2일부터 4일까지 방북하여 김정일과 10.4 공동선언 8개항을 발표하였다.

그 내용을 보면 김대중 정부와 김정일이 맺은 6.15 공동선언을 준수하고 통일문제에 대해서 남북한이 자주적으로 해결한다. 다음으로 상호존중과 신뢰관계를 확고히 한다. 다시 말하면 내정불간섭과 남북한 관계를 화해와 협력을 바탕으로 한다. 세 번째는 군사적 적대관계를 종식시키고 한반도에서 긴장완화와 평화를 보장하기 위해서 긴밀히 협력하기로 한다. 이것은 전쟁반대의 불가침을 준수하기로 한다는 내용이다.

네 번째는 현 정전체제를 종식시키고 항구적인 평화체제를 구축해 나가는 데 인식을 같이하기로 한다. 한반도 핵문제 해결을 위해 6자회담을 성공적으로 수행시키기 위해서 남북한이 공동으로 노력하기로 한다. 다섯째, 민족경제의 균형적인 발전을 위해서 경제협력 사업을 공리공영의 원칙에 의해서 추진해 나간다. 여섯째, 모든 분야의 교류와 협력을 발전시켜 나간다. 일곱째, 이산가족 상봉 확대 및 자연재해 시 인도적 차원에서 서로 돕는다. 여덟째, 국제무대에서 민족의 이익과 해외동포들의 권리와 이익을 위해서 협력을 강화해 나간다.

노무현과 김정일의 정상회담은 대선을 불과 두 달 앞두고 가진 정상회담으로서 남북이 교류와 협력을 통해서 한반도 평화적인 통일방안을 강구하였다. 그러나 사실상 몇 달 후에 한국은 정권이 교체되고 말았다. 그 결과 노무현의 남북정상회담 내용은 다음 정권에 큰 부담을 안겨주는 결과를 초래하였다.

노무현·김정일 남북정상회담은 김대중 정부 이후 시도한 두 번째 남북정상회담이라는데 역사적인 의미를 부여할 수 있다. 만일 정권 교체가 되지 않았더라면 상당한 실효성이 있을 수 있었다. 그러나 다음에 창출된 이명박 정부는 노무현 정부와는 완전히 다른 보수로의 회귀로 인해서 남북관계는 다시 화해무드에서

적대관계로 돌아서게 되면서 10.4 공동성명은 유명무실하게 되고
말았다.

보수주의 네오콘과
마찰을 일으킨 386들의 한미관계

노무현 정부의 한미관계는 역대 한국정부가 추진해온 한미관
계 중에서 가장 큰 불협화음을 일으킨 한미관계였다. 미국 조지
부시 2세의 8년간 미국은 자유주의의 확산이라는 큰 목표를 달성
하기 위해서 나섰다. 미국 역사는 원래 두 개의 큰 목표를 가지고
출발하였다. 하나는 지구상에 자유주의를 심는 것이다. 다른 한
목표는 언덕 위의 도성을 세우는 일이다. 언덕 위의 도성이란 경
제적으로 성공한 미국식 모델을 지구상에 심어주는 일의 두 가지
목표를 가지고 있다.

조지 부시는 집권 초기부터 자유주의의 확산이라는 명목으로
출발하면서 2001년 9·11 테러를 당한다. 여기에 테러지원국인 이
라크부터 없애고 다음 순서가 북한이다. 따라서 북한을 없애는
일이 1순위에 올랐다. 이러한 와중에 탄생한 노무현 정부는 386
세대를 중심으로 한 한미공조보다는 한민족 공동체의 외교방향
으로 가닥을 잡으면서 미국과의 잡음이 계속되었다.

미국 측의 눈에는 한국이 미국편이 아니라 북한 감싸기식 외교로 눈에 비치자 미국 정책을 주도하던 보수주의 강경파들은 노무현 정부에 대해서 강한 압박을 가하기 시작하였다. 결국 노무현 정부는 미국의 강한 압박에 굴복하여 자주적 외교노선의 의지를 접고 말았다. 그러나 종합적으로 볼 때 한국이 이제는 미국과 대등한 외교관계를 수립해 나갈 정도의 세계적인 국가로 위상이 격상되었다는 것을 잘 보여준 한미관계라고 생각할 수 있다.

노무현 정부에서 한미관계는 기존의 정부가 추진해 나온 정책과는 완전히 다르다. 1953년 7월 한국동란 중에 맺어진 한미동맹은 그동안 강대국 미국에 대한 적극적 순응정책을 추구해 나왔다. 그러나 노무현 정부는 강대국 미국에 대해서 약소국의 입장에서 소극적 순응정책을 추구해 나가면서 미국에 대해서 대등한 관계의 자주국방의 이미지를 심어 주었다.

미국은 이러한 노무현 정부에 대해서 강경노선을 택하였다. 특히 당시 조지 부시 2세의 외교담당 보좌진들을 네오콘이라고 불렀다. 네오콘이란 신보수주의라는 의미로 이들은 당시 대부분 시카고 대학의 정치학과 교수였던 네오스트라우스의 제자들로서 힘을 바탕으로 하는 강경파들이었다. 따라서 약소국인 한국이 한미관계에서 노무현 정부가 마찰을 일으키자 강경노선 쪽으로 선회를 하면서 노무현 정부는 수그러들게 되었다. 이 기간 동안 한국은 여중생이 미군 장갑차에 치여서 숨진 사건 등을 비롯하여

2장 노무현 정치철학의 이상과 좌절

미국에 대해서 반미감정이 일고 있었다. 특히 반미감정에 대한 촛불 시위 등으로 인해서 미국과의 관계가 악화일로에 있었다.

노무현 정부는 미국정부로부터 작전권 이양을 요구하였다. 또한 용산기지 이전 문제를 비롯하여 방위비 분담 문제들을 기존의 정부보다 한국정부에 유리한 방향으로 협정을 하려고 하였다. 노무현 정부는 한국의 위상을 높여서 한국과 미국이 대등한 관계에서 한미동맹을 유지해 나가자는 의도에서였다.

지금까지 한미동맹은 미군이 작전권을 비롯하여 모든 것을 미군주도로 이루어지고 있다는 주장이다. 그러나 이제 우리도 자주적인 독립을 하여야만 한다는 것이 노무현 정부의 주장이다. 또한 북한도 우리의 적으로서 대할 것이 아니라 우리와 같은 민족으로 보고 한미관계에서 북한의 입장도 고려하자는 것이 노무현 정부의 대미관이다.

그러나 초반기에는 부시행정부와의 관계에서 불협화음을 계속하였으나 후반기에 가서는 미국에게 한발 양보하였다. 예를 들면 초기 2003년의 이라크 파병에 동의하여 파견군을 이라크에 보냈다. 동시에 한미 FTA를 협상을 통해서 성사시켰다. 그러나 MD 즉 미사일 방어망 구축은 미국이 요구하였으나 거절하였다. 노무현정부의 대미 관계는 과거 정부들과는 초기에는 완전히 다른 소극적 순응정책을 추구했었다. 그러나 후반기에는 미국에게 순응하는 적극적 순응정책을 지향했다고 볼 수 있다.

2006년 미국에 대해서 전시작전권을 3년 내에 돌려달라고 했다. 또한 군복무기간의 6개월 단축 등은 북한의 군사력을 알지 못한 상황에서 만들어진 군사적 전략이라고 볼 수 있다. 국방계획 2020에서 미국으로부터 독립된 군사력을 갖출 수 있도록 국방예산을 증가시켜나고자 하였다. 이처럼 노무현 정부는 미국으로부터의 독립을 하는 자주국방을 원하고 있었다.

노무현 정부의 대미 정책을 분석하기 위해서 당시 미국이 추진하던 정책을 간략하게 분석해 볼 필요성이 있다. 부시 행정부는 1기와 2기로 분류하여 생각할 수 있다. 제1기는 2001년부터 2004년까지며 2기는 2005년부터 2008년까지로 분류할 수 있다.

조지 부시는 제1기가 시작되는 2001년 9월에 바로 중동의 알카에다로부터 테러를 당한다. 중동의 오사마 빈 라덴은 미국의 자본의 상징인 뉴욕의 무역센터와 군사력의 상징인 국방성 즉 펜타곤을 침공한다. 그 이유는 당시 미국의 오만성 때문이라는 이유 때문이다. 미국은 당시 전 세계와도 싸워도 승산이 있다는 자신감에 차 있었다. 그러자 전 세계에서는 반미감정이 일어나고 있었다. 심지어는 같은 자유국가인 프랑스조차 반미감정이 일어날 정도로 세계는 미국에 대해서 반감을 가지고 있었다. 이러한 미국의 반미감정을 가장 잘 이용한 집단이 바로 알카에다였다.

미국이 테러로 침공받기는 미국 역사상 전무한 일이었다. 단지 2차대전 당시 미국은 일본에 의해서 하와이 진주만이 기습당하기는 했다. 그러나 하와이는 미국 본토가 아니었다. 사실상 9·11 테러는 미국 역사상 처음 있는 일이었다. 미국의 자존심을 완전히 구겨 놓았다. 부시 정부는 바로 전략을 바꾸었다.

2002년 부시는 1월 29일 연두 교서에서 테러를 지원하는 이라크, 이란, 북한을 악의 축이라고 불렀다. 미국이 말하는 악의 축이라는 말은 전쟁선전 포고로 볼 수 있다. 부시 이전에 로널드 레이건 대통령이 공산주의 국가들을 악의 축이라고 말했다. 이후 레이건은 신 냉전시대를 열어가면서 공산주의 국가들과 냉전을 계속했다. 그 결과 1988년부터 구소련인 러시아를 포함한 공산주의 국가들이 붕괴되어 미국 앞에 무릎을 꿇고 말았다.

부시 행정부는 북한을 비롯한 테러 지원국들에 대해서 강력한 대응 조치를 취하고 전쟁을 통해서 이 땅에서 악의 축이라는 국가들을 영원히 없애 버리겠다는 강한 의지를 표명하고 나섰다. 우선 미국은 테러지원국으로서 9·11 테러와 직접적으로 연결된 오사마 빈 라덴을 도운 이라크와 사담 후세인 대통령을 제거하는 전쟁을 벌였다. 이보다 앞서 미국은 아프간을 3주 만에 굴복시키는 전쟁을 하였다. 그다음으로 미국은 순식간에 이라크를 제거시키고 말았다.

이처럼 강한 미국은 이제 북한을 악의 축의 국가로 규정하여 강한 압박을 가하기 시작하였다.

이러한 상황에서 2003년 2월에 나타난 노무현 정부는 미국과 처음부터 강한 마찰을 예상하였다. 그 이유는 노무현 정부의 대미정책을 주도하는 안보팀이 대부분 386세대와 연계성을 가지고 있었기 때문이다. 노무현 정부는 집권하면서 바로 2003년 8월에 미국의 요청으로 이라크 파병문제에 부딪친다. 집권 초기 외교 안보팀은 친미 성향이 우세한 가운데 이라크 파병안에 동의를 한다. 그러나 386세력들의 반격은 시작되면서 미국과의 마찰은 시작되었다.

미국은 2001년 9·11 테러와의 전쟁을 통해서 군사적 작전을 변화시켰다. 기존의 붙박이식 전략에서 이동식 전략으로 바꾸었다. 한반도에 대해서도 같은 전략을 적용해 나가기 시작하였다. 한국은 2002년 여중생 사망사건을 계기로 반미감정이 고조되었다. 미국의 여론 주도층은 한국에 대해서 회의를 갖기 시작하였다.

특히 미국 의회에서까지 한국의 노무현 정부에 대해서 반감을 가지기 시작하였다. 노무현 정부는 자주국방을 주장하며 핵문제와 대미 자주노선 등으로 인해서 미국과 다른 시각차를 보였다. 미국은 2005년 3월 8일 윌리엄 펠런 미 태평양 사령관이 상원 군사위 청문회에서 아태지역에서 군사 재배치를 강조하였다. 특히 한국에서 미군을 단계적으로 감축시키겠다는 전략을 발표하였다.

또다시 한국의 NSC 즉 국가안전보장회의는 미국을 겨냥하여 북한을 대화 상대로 인정하자는 주장을 하였다. 또한 북핵 해결에 한미 간에 공동으로 노력을 하자는 주장을 하였다. 이에 대해서 미국은 누구를 위해서 미군을 한국에 두어야 하는가 하는 주한미군 주둔론에 대한 회의론이 다시 고개를 들기 시작하였다.

2006년 10월 9일 북한이 대포동 미사일 발사에 이어서 핵실험을 감행하였다. 이에 한국정부는 미국과 북핵 해법 문제에 대한 인식이 현저하게 차이를 보였다. 한국 노무현 정부는 북한의 붕괴를 막는 것이 한국정부가 해야 할 일이다. 또한 북한이 공격을 받거나 붕괴되지 않으면 절대로 공격을 하지 않을 것이라며 유엔 안보리에 상정된 북핵 제재 문제에 대해서 한국정부는 북한을 옹호하고 나서는 발언을 하였다.

이러한 노무현 정부와 미국의 보수주의파인 네오콘과의 마찰은 결국 동북아에서 러시아, 중국, 북한의 동맹관계에 맞서서 결성된 한·미·일 삼국의 동맹정책에 금이 가기 시작했다. 미국은 당시 한국 대신에 일본의 고이즈미 내각과 강한 공조를 통해서 일본의 군사대국화와 우경화를 묵인하였다. 이에 미국은 한국 대신에 일본과의 강한 결속력을 통해서 동북아에서 북핵 문제를 해결해 나가고자 하였다.

미국 정부는 노무현 정부의 말기와 부시 정부의 말기로 넘어가면서 양국 간의 관계는 어느 정도 조율되는 듯했다. 왜냐하면 미국 역시 대선이 눈앞에 있었다. 한국 정부 역시 정권 재창출이 필요한 시점에 있었다. 한국 정부는 미국과의 마찰을 피하고 정권 재창출을 위해서 미국과 한미 FTA를 성사시켰다. 동시에 미국은 한국이 주장하는 작전권 이양 문제에 대해서도 마찰 없이 넘겨주기로 했다.

노무현 정부의 대미 관계론을 좀 더 구체적으로 분석해 볼 필요성이 있다. 우선 이라크 파병 문제를 들 수 있다. 2003년 3월 노무현 정부 출범 1년 만에 미국과 영국의 연합군이 대량살상무기 제조를 이유로 이라크를 공격하였다. 미국은 한국군의 파병을 요청하였다. 국내 여론은 반전 여론이 높았다. 노무현 정부는 국회의 동의를 얻어서 건설공병 지원단과 의료지원단 등 비전투병력 3,000명을 파병시켰다.

이라크 파병 문제를 놓고서 한국정부는 보수와 진보 간에 갈등을 가져왔다. 친노 386 운동권들은 파병을 반대하였다. 그러나 당시는 노무현 정권이 집권 초기 단계였다. 따라서 미국과의 균열을 우려하고 있었다. 이 와중에서 보수 온건 노선을 걷던 윤영관 외교장관의 주장이 받아들여졌다. 파병은 절충안을 택하게 되었다. 미국이 요청한 10,000명에 대해서 전투병을 제외한 비전투병 3천 명으로 축소시켰다.

노사모의 가장 핵심 멤버인 명계남은 수년 전 발간한 그의 저서 "봉하로 간다"에서 노무현이 이라크 파병을 결정한 원인에 대해서 설명하고 있다. 파병 이유는 미국의 북폭정책을 철회시키고 대화로서 평화적인 해결책을 얻어내기 위해서 라고 말하고 있다.

동시에 이라크 파병으로 인해서 얻는 실익도 고려하였다. 이라

2장 노무현 정치철학의 이상과 좌절

크 파병으로 인해서 얻는 실익은 종전 후에 재건 사업에 대한 한국의 참여와 석유 공급선의 확보 등을 들었다. 또한 이라크 실전에 참여함으로써 한국군의 전투력 향상 등을 들고 있다. 동시에 이라크 파병으로 인해서 국제적인 위상이 향상된다는 것이다. 이 중에서 한국 정부가 노리는 것은 바로 전쟁 후에 생기는 대규모 재건 사업에 한국정부의 참여에 가장 큰 기대를 걸고서 이라크전에 파병한 것이다. 사실상 미국은 전후에 이라크 사업에 엄청난 규모의 사업을 구상하고 있었기 때문이다.

다음으로 미군 군사 전략의 변환성에 대한 문제이다. 미국은 9·11 테러 이후 모든 군사적 전략을 테러와의 전쟁에 초점을 맞추었다. 미국은 동북아에서도 과거의 붙박이식의 군대를 고정해서 놓아두는 전략에서 신속하게 이동시키는 기동성 전략으로 바꾸었다. 강력하게 군의 신속한 이동을 위해서 한국군이 주둔하는 동두천 등에서 평택으로 미군 기지를 이동하고 언제든지 적의 침략에 신속하게 대응해 나간다는 전략이다.

동시에 미군은 해외 어디서나 분쟁이 발생하는 경우 주변에 배치한 군을 신속하게 움직여서 대응해 나간다는 전략이다. 한국과 동맹관계를 맺고 있는 미군의 경우 만일 동북에서 분쟁이 발생하는 경우에는 언제든지 미국과 동맹관계에 있는 한국군을 동북아 지역에 신속하게 배치하는 전략이다. 다시 말하면 미국과 동맹관계에 있는 병력들을 해외에 보내서 전투에 참여시킨다는 전략을 말한다.

가령 중국과 대만이 영토분쟁을 놓고서 전쟁이 발생하는 경우에는 한국군을 파견한다는 전략을 말한다. 이 경우 한국은 한국의 의사와는 관계없이 바로 중국과 전쟁을 하게 된다는 것이다. 만일 한국이 미군의 군사적 전략에 맞추어서 대만과 중국과의 내전에 개입하는 경우 중국과 동맹관계에 있는 북한이 개입하는 경우 한반도는 남한과 북한과의 전쟁으로 확대된다는 것이다.

이것이 바로 386세대를 비롯한 당시 청와대 주류를 이루고 있는 인사들의 대 미국관이라고 할 수 있다. 따라서 노무현 정부는 이러한 미국의 붙박이 정책에서 이동식 유연한 군사전략의 변환에 대해서 반대 입장을 표명하였다. 특히 미국의 신속한 이동식 군사전략에는 미국은 전략상 필요한 경우에는 언제든지 선제공격을 할 수 있다는 전략을 명백하게 밝혔다. 따라서 노무현 정부 내에서 심각하게 반대하려고 하였다. 그러나 강대국 미국 네오콘의 강한 힘에 밀려서 미국의 군사작전전략에 동의하기는 하였다.

한 가지 미국과 마찰을 일으킨 것은 전시작전권 환수문제를 들 수 있다. 군사 작전권이 미국으로 이관된 것은 1950년 한국동란이 발생한 1950년 7월 17일이었다. 이후 1994년 12월 1일 한국은 미군으로부터 평시 작전권은 돌려받았다. 그러나 전시 작전권이 문제였다. 한국의 노무현 정부는 미국으로부터 전시 작전권을 돌려 달라는 요구를 했다.

전시 작전권은 미국이 이동식 전략을 실시하는 경우 자신들이 필요하면 전시라는 이름으로 한국군을 활용할 수 있다는 확대 해석을 하였다. 따라서 미국은 항시 전시라는 이름을 사용하여 남한과 북한에 대해서 위협을 가한다는 것이다. 또한 한국군이 약화되는 현상을 가져온다는 것이다. 한국군은 미군에게 의지하여 미군의 힘만 믿게 되고 자주국방이라는 사고는 잊어버리는 나약한 군사력을 유지하게 된다는 것이다.

동시에 미국과의 관계에서 종속관계의 군사관계를 유지해 나간다는 것이다. 사실상 노무현은 직접 한국의 현역 장성들 앞에서 형님인 미군들의 엉덩이 뒤에서 숨어서 형님 빽만 믿습니다. 형님하고 부르면서 살려달라는 생각만 하는 것이 한국군의 현실이라고 강력하게 비판했다. 따라서 노무현의 생각은 전시 작전권을 환수하는 경우 우리 군이 강한 자주국방을 하는 강한 군으로 거듭날 수 있다는 것이다. 전시 작전권 문제는 2012년까지 미군이 이양하기로 했으나 이명박 정부는 2015년으로 연기하고 그 후 계속해서 연기되고 있다.

노무현 정부가 대미 관계에서 이룬 실적은 한미 자유무역협정 즉 한미 FTA를 들 수 있다. 한미 FTA 즉 한미 자유무역협정은 북한 핵문제에 대해서 불협화음을 계속한 노무현 정부가 경제문제에 대해서 미국과 타협하여 체결한 문제였다. 노무현 정부는 2007년 4월 한미 FTA 협상을 타결하였다. 한미 FTA 문제가 시작된 것은 노무현 정부 초기인 2004년 5월 미국무역대표부가 이 문제에 대해서 관심을 갖기 시작하면서 시작되었다. 2005년 2월 한미 FTA 사전실무점검회의가 서울에서 개최하면서 2006년 총 8차례의 실무진들이 서울과 워싱턴을 오가면서 타협한 결과다.

　노무현은 처음에는 한미 FTA가 농민들을 다 죽인다는 사고로 반대하였다. 그러나 초기의 친미파로 분류되는 김현종 통상본부장과 한덕수 경제부총리가 노무현을 설득하였다. 이 과정에서 청와대 386들은 배제시켰다. 결국 노무현은 타결 쪽으로 가닥을 잡았다. 이 과정에서 초기에는 노무현 정부는 FTA 문제에 대해서는 관심이 없는 후순위 문제였다. 그러나 2006년부터 노무현은 FTA 체결이 가져오는 엄청난 경제적 효과에 대해서 선전하고 다녔다.

　이 과정에서 미국 무디스는 한국의 신용등급을 낮추려는 의도를 보이면서 노무현 정부는 친미경향을 보였다. FTA에 대해서도 더욱더 강한 집착을 보이기 시작했다. 그러나 FTA가 국회를 통과하기까지는 많은 진통을 겪었다. 특히 수입소가 광우병을 일으킨다는 의문이 제기되면서 반대에 부딪치기도 했다. 특히 한미 양국이 서둘러서 체결하는 바람에 세부조항에 대해서 문제가 제기되기는 했다. 노무현 정부가 이룬 경제 실적 중에서 가장 큰 실적 중의 하나가 FTA에서 로드맵을 만들어서 한미 양국 간의 FTA 조약을 체결했다는 것이다.

2장 노무현 정치철학의 이상과 좌절

7

노무현 정부의
탈권위주의의 허와 실

　노무현 정부의 특성은 바로 탈권위주의라고 할 수 있다. 권위
주의로 인해서 독재정부가 나타나고 민주주의가 퇴보하게 되는
것이다. 민주주의의 역사는 탈권위주의의 역사라고 할 수 있다.
유교문화를 바탕으로 하는 동양이 서양사회보다 민주주의가 덜
발달된 이유가 바로 권위주의 때문이다.

　정당도 마찬가지이다. 민주화 운동을 한 김대중, 김영삼 대통령
까지도 보스 즉 우두머리 정치를 하였다. 다시 말하면 김영삼과
김대중은 자신들이 마음만 먹으면 언제든지 당을 만들 만큼 우
두머리 행세를 하였다. 이것도 일종의 권위주의라고 할 수 있다.
그리고 정당 내에서의 서열은 바로 직책이 문제가 아니라 당수와
가장 친근하고 자주 만나는 사람 순서대로 권력 서열이 정해지는
것이다. 이처럼 보스중심의 정치가 바로 권위주의인 것이다.

노무현 정부는 참여정부로서 누구나 다 정치에 참여하도록 문을 열어 놓았다. 노무현 자신이 권위를 없애기 위해서 서민들과 같이 막말도 하고 바로 자신이 서민이라는 것을 보여주었다. 또한 검찰개혁을 위해서 평검사와의 토론을 주도하여 대대적인 언론공개를 통해서 직접 자신이 서열을 무시하고 그들과 토론을 하였다. 이러한 그의 거침없는 행보는 국민들의 눈에 바로 권위주의 청산이라는 것을 잘 보여 주었다. 민주주의는 인간은 누구나 다 평등하다는 원칙 위에서 존재하기 때문이다. 사람 위에 사람 없고 사람 아래 사람 없다는 평등 정신을 노무현 참여정부는 잘 보여주고 있다.

노무현 자신이 서민임을 강조하면서 약자 편에 서서 약자의 권익을 위해서 일하는 것처럼 보여 주었다. 인사 정책면에서 그는 서열을 무시한 발탁을 하였다. 자신이 보기에 능력이 있다고 생각되면 경력이 있건 없건 무슨 자리든지 갖다 놓았다. 당시 청와대를 비롯하여 핵심 자리에 경험이 없는 인사들이 대부분이었다. 특히 가장 보수집단인 법조계에서조차 서열을 무시한 파격적인 인사를 단행하였다. 법무부 장관을 비롯하여 고위직에 판검사 경력이 없는 사람도 기용하였다.

조직인 정부 운영 방식도 계선기관을 무시하고 참모기관을 중심으로 조직을 운영하였다. 정부 각 부서의 조직은 최고위직인 장관부터 시작해서 최하위직인 서기보까지의 직제로 구성되어져 있다. 이것을 정통 계선라인 조직이라고 한다. 업무는 이러한 절차를 거쳐서 이루어진다. 그러나 노무현 정부는 계선조직이 아닌 위원회를 구성하여 운영하였다. 노무현 정부시절 필요 없는 위원회가 상당히 많이 생겼다. 이 위원회는 사실상 정부의 참모역할로 전문지식을 제공하는 부서에 불과하다. 그런데 참모기관인 위원회는 정통 관료조직을 무시하고 바로 대통령이나 청와대와 협의하여 업무를 처리하였다.

노무현 정부의 생각은 단계를 거쳐서 업무를 처리하는 것을 권위주의를 만든다는 생각을 가지고 있었다. 그 결과 정통 실무를 담당하는 각 부서들은 위원회에 눌려서 제 역할을 하지 못했다. 또한 청와대에 행정경험이 없는 인사들이 대통령을 둘러싸고 있어서 각 부서의 장관을 비롯하여 기관장들은 대통령을 만나기가 더욱더 힘이 들었다.

결국 노무현 정부가 추구하는 탈권위주의는 행정상의 혼선을 초래하여 업무가 뒤죽박죽되어 버리고 누가 상관이고 누가 부하인지를 구분하지 못하는 사태까지 번지고 말았다. 더구나 각 위원회나 청와대에서 자신의 관할이 아닌 업무를 맡아서 하는 경우도 많아서 각 부서 간의 업무상의 한계가 불분명한 사태까지 생기게 되었다.

이처럼 노무현 정부가 추구한 탈권위주의 정책으로 인해서 많은 시민단체가 생기게 되었다. 노무현 정부의 탄생에 많은 도움을 준 시민단체로서 대표적인 단체는 참여연대이다. 참여연대를 비롯하여 많은 시민단체들이 정부의 업무에 대해서 무시하고 툭하면 소송이나 고소를 하는 사례가 부쩍 늘어나면서 정부는 업무의 차질뿐만 아니라 국민으로부터 신뢰성을 상실하는 정부기관으로 변하고 말았다. 각종 민원 업무를 처리하는 부서 역시 시민들로부터 권위주의 문제가 아닌 신뢰성 없는 부서로 전락하고 말았다.

동시에 노무현 정부가 들어서면서 참여연대 등 시민단체들이 청와대를 비롯하여 정부 주요부서의 요직에 발탁되는 사례가 많았다. 이렇게 중요한 자리를 밑에서부터 올라가는 것이 아니라 외부의 공직 경험이 전무 한 인사들이 발탁되면서 공직사회의 기강이 해이해짐과 동시에 공무원들은 자신의 업무와 직업에 대해서 회의를 품기 시작하였다. 결국 공직사회는 기세가 꺾이고 업무에 대한 의욕을 상실하고 말았다.

노무현의 등장으로 인해서 한국은 과거의 권위주의 사고의 정부와 공무원들의 사고로부터 상당히 탈피하였다. 특히 노무현 대통령은 스스로 대통령을 그만두고 고향인 김해 봉화마을에 가서 농사를 짓는 농민으로 돌아갔다. 이것은 스스로 탈권위주의라는 것을 국민들에게 보여주는 귀감이 되었다.

8

노무현이 생각하는
보수와 진보의 개념

노무현 참여정부의 대명사는 진보 정부이다. 노무현 스스로도 노무현 = 진보라는 별명을 가지고 있다. 사실상 노무현은 진보주의를 상징하며 참여정부 역시 진보주의 인사들로 구성되어져 있다. 문제는 노무현 정부는 스스로 진보와 보수를 완전히 분리해서 생각하고 있다. 노무현과 정부의 인사들은 진보는 보수와 확연히 다르며 진보는 선이며 보수는 악이다. 라는 사고를 바탕으로 하고 있다.

이것은 미국이 개척기에 흑인들을 노예로 부리면서 흑인들을 짐승취급하면서 백은 선이며 흑은 악이다. 또한 백인은 우등 진화한 생명체를 가지고 태어났으며 흑인은 덜 진화된 생명체를 가지고 태어났다는 사고와 같은 맥락에서 이해할 수 있다.

노무현 정부의 진보주의적 사고를 가진 인사들은 보수는 낡은 사고를 가지고 구태의연한 행동을 하는 꼴통들로 보고 무시하고 있다. 또한 보수는 창의력이 부족하고 개혁을 싫어하고 안주하는 사고를 보수주의라고 생각하고 있다. 따라서 소위 진보주의자라는 노무현 정부의 인사들은 보수주의자들과 함께 일하기를 꺼린다.

그런데 민주주의가 가장 발달한 미국의 경우 역시 초기에는 대부분 보수와 진보로 나누어져 있었다. 그러나 민주주의가 발달한 최근에는 보수와 진보는 동전의 앞면과 뒷면 정도의 아무런 차이가 없다. 진보를 바탕으로 하는 정당인 민주당과 보수를 상징하는 공화당 역시 아무런 차이가 없다.

사실상 인류의 역사의 초기에는 진보와 보수의 확연한 차이가 있었다. 보수는 모험을 피하면서 점진적인 개혁을 추진해 나가는 사고이다. 반면에 진보는 급속한 개혁을 바탕으로 사회의 변화를 추구하는 사고이다. 그러나 인류의 역사를 통해서 보수와 진보는 모두 필요하다. 또한 보수와 진보가 모두 똑같은 비율로 인류의 발전을 위해서 기여하였다.

보수와 진보에 대해서 좀 더 구체적으로 설명하면 보수는 진보가 위험하고 다른 길로 달려나가는데 제동을 거는 브레이크 장치를 한다. 반면 진보는 보수가 너무 천천히 달리는데 조금 더 빨리 달리라고 페달을 밟아준다. 이처럼 진보와 보수는 서로의 공존을 위해서 서로를 필요로 하고 있다.

역사적인 사실을 바탕으로 경제를 적용해 볼 수 있다.

진보는 역사적으로 위기 상황에서 문제를 해결하는 능력을 가지고 있다. 1929년 세계 경제공항이 발생했을 때 보수적 사고를 가지고는 해결할 수가 없었다. 그러한 비상시에 진보적 영국의 경제학자인 케인즈의 이론을 적용하여 문제를 해결하였다. 경제학자 조셉 슘페터는 창조적 파괴라는 말을 사용하고 있다. 이것은 바로 진보적 사고이다. 창조를 위해서는 현재의 낡은 틀은 깨트려 버려야만 한다는 사고가 바로 창조적 파괴다.

이처럼 진보는 필요하다. 그러나 평상시는 보수도 필요하다. 경제학자 그레샴의 법칙을 생각할 수 있다. 그레샴은 악화는 양화를 구축한다고 말한다. 이 말은 금화와 은화를 만들어서 똑같은 가격으로 시중에 내놓으면 얼마 가지 않아서 금화는 시중에서 사라지고 만다. 단지 은화만 시중에 유통된다. 그 이유는 가치가 큰 금화는 다른 물건으로 만들어서 사용해 버리고 가치가 적은 은화만이 시중에 남아돌아간다. 결국 시중에는 은화가 지배하게 된다.

여기서 악화란 은화를 말한다. 양화란 금화를 말한다. 진보는 양화이며 보수는 악화에 해당된다. 그러나 결국 살아남는 것은 악화인 보수가 살아남아서 사회에 돌아다닌다. 노무현 정부는 낡고 가치가 적은 보수를 싫어했다. 그리고 새로운 진보를 원했으며 진보와 보수를 완전히 분리하였다. 정치권이나 청와대 및 공공기관에는 진보세력이라고 말하는 학자나 시민운동가들을 채용하였다.

그런데 문제는 인류의 역사를 통해서 진보와 보수의 대결에서 진보는 보수를 이기지 못했다. 노무현 정부가 추진한 보수 세력의 개혁에 대해서 실패하고 말았다. 보수 언론사에 대한 개혁과 검찰개혁을 비롯하여 국세청과 국정원 개혁에서 실패했다. 그 이유는 무엇인가?

개혁이란 개개인의 성공적인 변화가 모여야만 혁신이 시작된다. 성공적인 혁신이란 성공적인 개혁을 의미한다. 노무현 정권은 들어서면서 보수언론을 비롯하여 보수집단에 대한 개혁을 시작했다. 그런데 보수라는 이름을 하루아침에 제거시킬 수가 없다. 그 이유는 전체적인 문화를 바꾸어야만 한다. 그것을 바꾸기 위해서는 권력이나 힘으로 쉽사리 되지 않는다.

조선일보는 이미 노무현 정부의 권력 위에 군림하고 있는 것이다. 정부가 주는 경제적 불이익은 소위 말하는 새 발의 피에 해당된다. 조선일보가 가지고 있는 눈에 보이지 않는 이면에 엄청난 힘이 존재하고 있는 것이다. 국세청과 국정원과 검찰 등은 개혁이 용이해 보인다. 그 이유는 정부 산하의 기관이기 때문이다. 노무현은 자신이 가지고 있는 인사권을 통해서 인사이동은 할 수가 있다. 실지로 노무현은 검찰 수뇌부인사를 통해서 검찰개혁을 시도하였다.

그러나 그가 시도한 검찰개혁은 겉으로 나타난 빙산의 일부에 불과한 개혁에 불과했다. 빙산의 일각만 개혁하고 나머지는 할 수가 없었다. 빙산은 밖으로 나타난 부분보다 바닷속에 있는 부분이 훨씬 더 깊이 있다. 검찰과 국세청 등 모든 권력기관이 빙산처럼 눈에 보이지 않는 권력을 가지고 있다. 그 결과 노무현은 자신이 추구하는 이상만을 가지고 개혁을 시도하였지만, 그는 결국 개혁에 성공하지 못한 것이다.

개혁에 성공하기 위해서는 무엇보다도 국민의식 수준을 향상시켜 나가야만 한다. 국민들의 민주주의에 대한 의식 수준이 얕은 경우에는 권위주의와 같은 비민주주의는 그대로 존재하고 있는 것이다. 반면 국민들의 정치의식을 비롯한 민주주의에 대한 의식 수준이 선진국과 같은 수준인 경우에는 자연히 권위주의는 사라지게 된다. 동시에 민주주의를 위한 개혁은 성공하게 된다. 따라서 노무현이 추구한 급격한 개혁은 시간을 두고서 점진적인 개혁으로 서서히 성공단계로 가게 되는 것이다.

한국의 역사를 통해서 진보와 보수의 대결에서 진보가 실패가 원인을 역사적으로 생각해 볼 수 있다. 조선 중종 때 개혁가 조광조를 들 수 있다. 조광조는 자신이 개혁을 시도하다 결국은 수구 보수파들의 반대에 부딪쳐서 결국 죽음을 당하였다. 또한 조선조 말의 김옥균 역시 개혁을 추구해 보았지만 결국 보수파들의 반대로 인해 실패하고 말았다.

노무현정부의 부동산 정책

한국정부가 안고 있는 가장 큰 문제점은 부동산 정책이다. 한국은 국토가 좁기 때문에 땅을 가지고 있는 사람들이 부자행세를 했다. 한국에서 부자로서 행세하고 살기 위해서는 부동산 투자를 잘하는 사람이 결국 부자가 된다. 정부에서 해야 할 일은 부동산 투기를 억제하여 올바른 생활을 하는 서민들을 보호해야만 한다. 부동산 투기 억제정책은 국민들의 양극화 현상을 막고 평등하게 부의 분배를 만드는 가장 기본적이고 중요한 정책이다.

노무현 참여정부의 목표는 바로 서민중심주의 정치를 내세웠다. 그러기 위해서는 부의 형평성과 분배 위주의 정치로 국정을 운영하여야만 한다. 노무현 정부 이전 정부인 국민의 정부는 외환위기를 성공적으로 극복하기 위해서 최선을 다했다. 그 결과 외환위기는 예상보다 빨리 성공을 거두었다. 그러나 부동산 안정정책에서 일부 중요한 정책을 폐지하는 바람에 부동산 거품현상이 발생하였다. 그 결과 김대중 정부시절에 강남의 부동산값이 폭등하였다. 이러한 현상은 노무현 정부가 들어서면서 다시 불안이 고조되기 시작하였다.

노무현 정부의 소비자 물가지수는 15.3퍼센트 증가하여 김대중 정부에서 시작된 물가 안정을 그대로 이어져 나가면서 성공적인 안정정책으로 평가받았다. 그러나 부동산 사장은 엄청난 폭등을 하

2장 노무현 정치철학의 이상과 좌절

였다. 노무현 정부 5년을 통해서 전반기 4년 동안의 주택가격은 높은 상승세를 보였다. 마지막 1년간은 약간 낮은 상승세를 보였다.

노무현 정부의 5년간 주택 매매가는 전국적으로 24.2퍼센트 상승하였다. 그중에서 서울이 49.2퍼센트가 상승하였고, 강남지역은 51.3퍼센트 상승세를 보였다. 아파트 상승세는 전국이 33.8퍼센트 상승하였다. 그중에서 서울이 56.6퍼센트 상승세를 보였고, 강남이 67퍼센트를 상승세를 나타냈다. 이러한 부동산 상승세와 소비자 물가를 비교하면 아파트값은 2.2배에서 약 4.4배 가령 상승했다. 또한 주택가격은 1.6배에서 3.4배 정도의 상승세를 보였다.

노무현 정부가 부동산 안정대책을 적극적으로 나서서 추구해 나간 것은 사실이다. 노무현 정부의 가장 큰 목표가 바로 서민을 위한 정책에 초점을 맞추어 나갔기 때문이다. 그럼에도 불구하고 노무현 참여정부의 부동산 상승은 결국 참여정부의 부동산 정책이 실패하였다고 할 수 있다. 이러한 노무현 정부의 부동산 정책에 집중하고 많은 노력에도 불구하고 실패한 원인은 어디에 있는가. 가장 큰 원인은 전월세에 대한 안정대책이 미흡하였다는 점이다. 그 결과 신규주택에 대한 수효가 급증하여 부동산 가격이 크게 상승하고 내 집 마련에 대한 대책이 부족했다고 할 수 있다. 부동산 정책에 대해서 지역별로 정확하게 분석하여 각 지역에 맞는 부동산 대책을 시급하게 마련하여 대응해 나가야만 했다. 그러나 노무현 정부는 이러한 방안을 정확하게 해결해 나가지 못했다.

　다음으로 부동산 대책에 대한 투명성이 강한 정책을 추진해 나가야만 했다. 가장 중요한 것은 부동산 분양 원가가 투명하게 공개되어 국민들이 정확하게 알고 있어야만 했다. 그러나 더욱더 중요한 것은 국가는 매 분기별로 부동산 시세의 변동 등에 대해서 정확하게 파악하고 그 원인 규명에 총력을 기울여 나가야만 했다. 결국 부동산 상승 원인은 수요와 공급의 불균형에서 발생하는 것이다. 이러한 부동산 시장에서 발생하는 수요와 공급의 불균형 현상을 타파하기 위해서는 정부가 적극적으로 개입하는 정책을 추진하여야만 했다. 그리고 그다음 정책으로 단호한 처방조치를 했어야만 했다.

　또한 정부의 부동산 시장에 대한 단호한 조치나 의지 등은 이해가 간다. 그러나 정부는 말로만 부동산 억제 정책 등을 떠들어 댔다. 그러나 실지로 부동산 억제 정책에 대해서 적극적인 정책을 추구해 나가지 못했다. 그 이유는 서울시의 시장을 비롯한 관련부서의 공무들과 복합적인 부동산 관계 등의 현상이 나타나면서 정부가 그들이 주도하는 방향으로 끌려나가고 말았다. 예를 들면 서울시의 경우 서울시가 추진하는 뉴 타운 추진과 재건축 완화정책 등이 서울시의 부동산 가격 상승의 견인차 역할을 한다는 것을 파악하는 경우 거기에 대한 적극적인 대응 방안을 모색하여 추진해 나가야만 했다. 그러나 정부는 이러한 시급하고

2장 노무현 정치철학의 이상과 좌절

가장 중요한 상황에 대처하지 못하고 결국 부동산 정책은 실패하고 말았다.

여기에 더해서 부동산 상승효과는 단일한 부동산 문제가 아니다. 가령 노무현 정부가 추진한 전국적으로 행복도시와 혁신도시를 비롯하여 기업도시 등은 부동산 가격 상승을 부추기는 견인차 역할을 하였다. 동시에 여기에 따르는 토지 보상금은 부동산 상승에 승수효과를 가져오게 되었다.

부동산 정책이 어려운 점은 바로 원인이 단순한 하나에 국한된 것이 아니다. 서로 상호 관련성을 가지고 있기 때문이다. 다시 말하면 정부의 조세정책을 비롯하여 금융정책과 복지정책이 하부구조를 이루고 있다. 이러한 하부구조를 바탕으로 한 주택시장과 토지시장 및 경매시장 등이 상부구조를 자리를 잡고 있기 때문이다.

따라서 상부구조를 고치기 위해서는 하부구조의 개선이 더욱더 중요하다. 상부구조와 하부구조의 강력한 연계성으로 형성된 것이 바로 부동산 시장이다. 이러한 문제를 해결하기 위해서 국가의 전반적인 경제정책에 대한 점검이 필요하였다. 노무현 정부의 부동산 실패정책은 정부가 그렇게 강조하던 양극화 현상을 막고 부익부와 빈익빈의 차이를 감소시키는 세상사는 맛이 나는 이상주의 건설에 실패하는 오점을 남기게 되었다.

대통령 탄핵

노무현 후보의 당선부터가 한국 정치사에 하나의 혁명이라고 불리울 만큼 엄청난 충격과 파장을 몰고 왔다. 노무현의 등장으로 한국 국민들은 기대와 관심과 염려 속에서 노무현을 유심히 지켜보기 시작하였다.

노무현은 노사모를 비롯한 군사독재를 무너뜨리는 결정적인 역할을 한 386세대들과 함께 신정부를 수립하였다. 노무현은 특유의 서민적이며 친근한 특유의 경상도 액센트로서 막말을 거침없이 하였다. 이러한 노무현의 거침없는 말은 그의 서민적이고 인간적인 면모를 보여주면서 서민 대통령이라는 이미지를 심어주면서 집권 초기 그의 인기도는 70퍼센트를 상회하는 높은 인기도를 유지하였다.

그러나 노무현 대통령의 형인 노건평을 비롯하여 최측근인 청와대 총무 비서관인 최도술과 안희정과 이광재 등 최측근 인사들의 비리가 속출되면서 노무현에 대한 국민들의 의심은 가중되기 시작하였다. 또한 선거 당시 그를 지지하며 표를 몰아주었던 사람들이 등을 돌리기 시작하였다. 특히 노무현의 친형인 노건평에게 로비를 시도했던 대우건설의 남상국 사장에 대해서 노무현이 인신공격을 하자 남상국 사장은 자살을 하였다.

여기에 더해서 노무현 대통령이 측근들의 비리를 옹호하는 말

2장 노무현 정치철학의 이상과 좌절

로 나와 동업자라는 말을 스스럼없이 했다. 집권 초기부터 터져 나오는 측근들의 비리에 노무현은 사과는커녕 더욱더 강경한 발언으로 대선 당시 한나라당이 쓴 비용에 대해서 검찰 조사를 지시했다. 그러면서 노무현은 자신이 쓴 돈이 한나라당이 쓴 돈의 10분의 1이 넘으면 대통령직을 사임하겠다는 말을 하였다.

또한 당시 노무현 주변의 최측근들은 아무런 행정경험이 없는 사람들을 채용하여 정국은 혼란 속에 빠져들고 있었다. 예를 들면 총무 비서관으로 발탁되어 비리를 일으킨 최도술은 누구인가?

최도술은 노무현과 같은 부산상고 출신으로 고졸의 학력이 전부였다. 경력은 단지 노무현이 변호사 시절 사무장으로 일한 것이 전부였다. 이러한 무리들을 국가 국력의 최고핵심인 청와대 총무비서관으로 기용하였다. 또한 이광재와 안희정은 좌희정 우광재라는 말로 불리울 만큼 최측근이었다. 이들이 청와대에서 핵심 역할을 하였다. 또한 외곽에서는 노무현의 형인 노건평이 노무현의 힘을 이용하여 비리를 저질렀다. 그러면 노건평은 누구인가.

노건평 역시 경남지역에서 세무공무원을 하면서 동생의 공부 뒷바라지를 도와준 노무현이 무시할 수 없는 골육의 정을 누리는 사이였다. 이러한 와중에 노무현은 행정부와 입법부의 대등한 관계라는 삼권분립 원칙을 지키겠다는 의미로 새천년 민주당과 정부의 분리를 선언하였다. 그 결과 행정부의 안건이 입법부에서 거절되는 사례가 허다하면서 가장 중요하고 시급하게 처리하여야 할 경제현안 문제 등이 이루어지지 못하면서 국가경제도 추락하면서 국민들이 경제적 고통도 가중되기 시작하였다.

노무현은 이상주의자이면서 자존심이 매우 강했다. 측근 비리와 당 내분으로 인해서 국민경제가 흔들리자 검찰조사를 통해서 한나라당의 대선자금조사에서 자신이 약속했던 새천년 민주당의 대선 자금이 야당인 한나라당의 10분의 1을 넘기면 대통령직을 사퇴하겠다고 선언하였다. 그러나 조사결과 민주당이 쓴 자금이 노무현의 예상보다 많은 7분의 1이나 되었다.

이러한 와중에서 새천년 민주당은 원래 고유의 정통 민주당으로서 동교동계의 김대중 계파의 인사들이 주류를 이루고 있었다. 반면 노무현 중심의 계파들은 신진주류들로서 대부분 참신한 인물들이었다. 민주당 내에서 구파인 김대중계와 신파인 노무현계 간의 갈등이 심화되었다. 이들은 결국 새천년 민주당으로부터 탈당하여 새로운 정당을 창당하여 당명을 열린 우리당으로 명명하면서 노무현 중심당이라고 할 수 있다.

이러한 와중에 노무현은 다음 해 있을 총선에서 자신의 당인 열린 우리당을 지지해 줄 것을 공공연하기 발언하기 시작하였다. 노무현의 이러한 열린당 지지발언에 대해서 야당인 새천년 민주당과 한나라당이 노무현에게 국민에게 사과와 함께 해명을 요구하였다. 그러나 노무현은 거절하였다.

여기에 대해서 중앙선거관리위원회가 선거법 위반으로 경고하

2장 노무현 정치철학의 이상과 좌절

였다. 그러나 노무현은 여기에 더해서 법이 잘못되었다고 법치주의 국가에서 대통령이 솔선수범해서 법을 따라야 할 인사가 법이 잘못되었다는 상식 밖의 말을 하면서 국민들을 실망시켰다. 2004년 1월 5일 새천년 민주당 대표인 조순형이 기자회견을 통해 공무원의 선거중립의무 위반에 대해서 사과를 요구하자 노무현은 거절하였다. 이에 2004년 3월 12일 한나라당과 새천년 민주당 국회의원 195명이 투표하여 193표의 가결로서 대통령 직무를 정지시키고 헌법재판소에 탄핵소추안을 제출하였다.

이 과정에서 여당인 열린 우리당 의원들의 강한 반대에 부딪쳤으나 국회의장인 박관용 의장이 경호권을 발동하여 난동을 막았다. 이후 시민단체를 비롯하여 각종 단체들이 촛불시위를 비롯하여 탄핵안에 대한 반대운동을 벌였다. 그 결과 국민들의 민심은 극히 동요되기 시작하였다. 동시 노무현 대통령의 대통령으로서 업무는 정지된 상태에 있었으며 후임으로 임시로 고건 국무총리가 대통령 권한대행을 하였다.

대통령을 탄핵한다는 것은 한국 헌정사상 처음 있는 일이었다. 결국 국민이 선거로 뽑은 대통령을 몰아낸다는 것은 바로 국회가 국민들의 의사를 무시한다는 것과 같은 맥락에서 이해할 수 있다. 특히 노무현을 지지했던 노사모를 중심으로 하는 많은 젊은 이들은 한국의 실정은 대통령이 자리에서 짤려 버리는 판국인데 아무리 좋은 직장도 정리 해고될 수 있다는 유행어가 나올 정도로 노무현에 대한 동정심이 일기 시작하였다.

노무현은 직무가 정지된 상황에서 불쌍하고 동정 어린 표정으로 언론에서 비쳐지면서 국민들의 동정심은 더욱더 가중되어졌다. 특히 젊은 직장인들은 자신의 직장과 관련하여 노무현이 해임되는 것은 앞으로 자신들이 직장에서 안심하고 근무할 수 없는 것과 같은 맥락에서 대통령 사태에 대해서 관심을 가지기 시작하였다.

이러한 대통령 탄핵안이 국회 가결 이후 국민들의 민심을 판가름하는 제17대 총선이 4월 15일에 치러졌다. 4.15 총선 결과는 여당인 열린 우리당이 과반수가 넘는 152석을 차지하였다. 동시에 제1당인 한나라당은 121석에 불과하였다. 또한 민주당은 9석이며 김종필의 자민련은 4석을 얻는 데 그치고 말았다.

이번 선거 결과로 인해서 국민들은 노무현을 중심으로 하는 열린 우리당에게 힘을 실어 주었다. 반대로 김대중을 추종하는 새천년 민주당은 완전히 몰락의 길로 들어섰다. 동시에 3김 시대를 이루었던 김종필 대표가 이끄는 자민련은 초라하기 짝이 없는 4석을 얻는 데 그치고 말았다. 결국 전국구 비례대표를 희망한 김종필은 낙선하면서 쓸쓸하게 정계를 은퇴하였다. 결국 이번 탄핵으로 인해서 3김시대의 마지막 인물인 김종필이 정치사에서 사라지면서 한국 정치는 이제 본격적인 세대교체를 이룬 셈이 되었다. 국민들은 노무현을 원하고 열린 우리당을 원하면서 세대교체를 원하고 있었다. 그 결과 5월 14일에는 헌법재판소에서 국회에서 제출한 탄핵소추안이 기각되면서 노무현은 입법부와 행정부를 장악하면서 사실상 입법·사법·행정의 3권을 손에 장악하게 되었다.

9

4대 개혁 법안

입법부와 행정부를 장악하는 데 국민의 힘을 빌린 노무현은 이
제 거침없이 자신이 원하는 개혁에 속도를 내기 시작하였다. 이
제 노무현 정부는 이승만 정권의 정통성부터 부인하여 한국 현대
사를 부인하기 시작하였다. 이승만에 대한 정통성 부정은 김영삼
정부에서 정통성을 김구의 임시정부에서 찾으려고 한 것과 같은
맥락에서 이해할 수 있다. 열린 우리당에 당선된 386세대들은 약
30명 정도로서 이들은 이제 노무현 정부의 앞에 서서 개혁을 지
휘하고자 하였다. 국회와 정부에 전진 배치된 386세대들은 과거
전두환 독재를 무너뜨리고 노태우로부터 6.29 선언을 받아낸 향
수에 젖어 있었다. 이제 그들은 강한 투사가 변신하였다.

제일 먼저 노무현 정부가 추진한 개혁안은 정치, 경제, 사회에
걸친 개혁을 요구하였다. 바로 그들은 혁명을 요구하였다. 그 내

용들을 보면 국가보안법 폐지, 사학개혁을 위한 사립학교법 개정, 과거 청산을 위한 과거사진상규명법 제정, 언론개혁을 위한 언론 관계법 등 4대 개혁입법을 관철시키고자 하였다. 이러한 열린당의 제안에 대해서 야당인 한나라당은 강력하게 저항을 하는 바람에 국회는 파행으로 치닫고 있었다.

노무현이 가장 강력하게 주장하는 것은 바로 국가보안법폐지 문제였다. 노무현은 이미 대통령에 당선되기 전에 인권변호사로 활동할 당시부터 국가보안법 철폐를 주장해 왔다. 국가보안법은 전 근대적인 법이기 때문에 이제는 박물관으로 보내야만 한다는 주장을 하였다. 특히 진보성향의 시민단체들이 맥아더 동상 철거 운동을 벌이는 가운데 동국대 강정구 교수가 나서서 미군이 개입 하지 않았더라면 통일이 이루어졌다는 말을 하여 검찰이 구속하 려고 하였다. 이에 노무현은 적극적으로 강정구의 구속을 저지하 는 발언과 함께 당시 법무장관인 천정배를 통해서 불구속 수사 지휘권을 발동하였다. 이에 대해서 당시 검찰총장인 김종빈이 사 퇴하였다. 이처럼 노무현이 추구하던 국가보안법 철폐론은 보수 와 진보의 대결로 재향군인회 등의 강한 보수단체의 저항에 부딪 치면서 실패하고 말았다.

언론 개혁법은 노무현 자신이 보수언론에 대한 개혁을 주장하였 다. 특히 조선일보와 동아일보, 중앙일보에 대한 개혁을 요구하고 나섰다. 노무현은 조선일보 등 보수언론의 가족소유에 대한 관련법을 고쳐서 언론사의 힘을 빼려고 하였다. 여기에 진보적 성향의 시민단체들 역시 보수언론사에 대한 개혁을 요구하고 나섰다.

그러나 이러한 노무현의 언론사 개혁법안은 위헌의 소지가 있어서 결국 흐지부지되고 말았다. 조선일보와 동아일보는 일제강점기에 3.1 운동이 일어난 해에 창건된 민족지다. 동아와 조선은 한국의 역사 현장을 지켜온 민족지로서 이미 뿌리가 엄청나게 깊이 내리고 있었다. 따라서 그 과정에서 동아와 조선은 독재와 항거와 타협을 계속해 온 신문이다. 노무현 정부는 조·중·동이라는 언론사가 보수 성향의 신문이라는 점에 대해서 강하게 비판하고 제거시키려고 하였다. 그러나 5년 단임의 노무현 정권은 이들과 싸우기는 역부족이었다. 그 이유는 바로 오래 역사를 바탕으로 내려놓은 뿌리 때문이다. 노무현 정부와 보수언론과의 싸움은 결국 무승부로 끝을 맺고 말았다.

사립학교 등 교육법 개정안은 평준화 방안에 초점을 맞추었다. 교육에 대한 내용도 중요하지만 엘리트화를 없애 보겠다는 목적이었다. 특히 공교육 정상화 방안 등을 내용으로 교육개혁을 추구해 나가기는 하였다. 그러나 문제는 단순히 교육의 질의 향상을 목적으로 개혁을 추구해 나가는 것이 아니라 기득권 타파를 위한 사립학교 개혁법안을 추구해 나갔다. 여기에 교육개혁을 추구하는 교육혁신위원회의 위원으로 전교조 출신들을 대거 기용하였다. 동시에 청와대의 교육비서관과 행정관에는 상당수의 전교조 출신들이 있었다.

이러한 와중에 교육개혁위원회의 위원장을 시골중학교 교장을 전격적으로 발탁하였다. 동시에 교육위원들 역시 서열을 무시하는 발탁을 하였다. 이러한 파격적인 위원 발탁은 교육개혁에 혼선을 초래하였다. 초대 교육부 장관인 윤덕홍 교육장관을 비롯하여 역대 교육장관들이 일관성 없는 교육정책을 내놓는 바람에 교육정책의 혼선을 초래하였다. 노무현 정권 5년 동안 교육장관만 5명이 교체되는 바람에 교육의 혼선을 초래하고 학부모들로부터 신뢰를 상실하고 말았다.

문제는 노무현 정부의 사립학교 개혁의 목적은 진보세력이라는 전교조들에게 유리한 방향으로 개혁을 추구해 나갔다. 학교 재단의 비리가 발견되면 관선이사를 파견하였다. 학교의 관선이사에는 대부분 진보적 성향의 인사들이 발탁되었다. 관선이사들이 사학재단을 좌지우지하면서 기존의 교육정책과 다른 정책을 추구하면서 일관성 없는 정책으로 인해서 결국 학부모들로부터 신뢰성을 잃고 말았다. 이러한 노무현 정부의 일관성을 상실한 공교육 정책으로 인해서 학부모들이 자녀들의 교육을 학원과 유학 등 사교육으로 눈을 돌리게 되었다. 노무현 정부 당시 학부모들이 사용한 사교육비는 엄청나게 늘었다.

노무현 정부가 추진한 4대 개혁 중에서 가장 사회적인 혼란을 초래한 개혁은 과거사 청산문제였다. 과거사 청산 문제는 과거의 잘못된 역사를 바로잡아 보겠다는 것이 근본목적이었다. 여기에 앞서 노무현 정부가 추진한 지방화도 과거사 문제와 연계하여 생각할 수 있다. 한국의 오랜 전통은 대부분 정권이 바뀌는 경우 대대적인 혁신과 개혁을 위해서는 수도를 이전하는 경향이 있었다. 노무현 정부 역시 국가의 대대적인 혁신과 과감한 수술을 위해서는 중앙정부의 지방화 정책을 추구해 나갔다.

이 정책은 노무현이 추구한 탈권위주의 정책과 함께 한국의 정치발전에 크게 기여했다고 평가할 수 있다. 앞에서도 언급한 것처럼 탈권위주의 정책과정에서 약간의 불협화음과 마찰이 있기는 하였다. 그러나 노무현이 추구한 탈권위주의는 민주주의 발전에 가장 필요한 요소이다. 또한 지방분권화 정책 역시 노무현 정부가 추진한 성공적인 정책임에 틀림없다. 중앙정부의 이전을 비롯하여 지방화로 인한 국가균형 발전 역시 중앙의 기득권세력을 타파하여 지방으로 분산하는 정책을 추진해 보자는 의도였다. 노무현이 추진한 지방분권 정책은 국가균형 발전을 위해서 장기적인 안목에서 매우 필요한 앞선 진보적인 사고임에 틀림없다.

사실상 지방과 중앙이 균형적인 발전이 바로 국가의 균형발전을 초래하며 사회 양극화 현상을 없애는 가장 기본적인 일임에는 틀림없다. 제3공화국부터 시작된 조국 근대화 작업과 맞물려서 시작된 경제개발 5개년 개혁은 도시와 지방간의 격차를 더욱더 심화시키는 결과를 초래하였다. 그 결과 국가발전은 인구가 수도

2장 노무현 정치철학의 이상과 좌절

권으로 집중되는 현상이 나타났다. 수도권 집중화 현상은 부익부 빈익빈의 사회 2분화 현상을 초래하였다. 그 결과 박정희 정권의 후반기에 시작된 새마을 운동은 농촌과 도시발전의 균형을 위해서 시도된 정책이었다.

빈부격차의 사회 불평등의 원인은 바로 지방과 중앙의 균형발전이 중요한 영향을 미친다. 미국을 비롯한 서구 선진국들을 보면 중앙과 지방이 균형적인 발전을 가져왔다는 것이다. 따라서 노무현 정부가 추진한 중앙부서의 세종시 이관을 비롯하여 공공기관의 지방으로 이전정책은 매우 진보적인 사고임에 틀림없다. 만일 보수적인 사고를 가진 인사들이 집권했다면 이러한 정책적인 아이디어가 불가능했다. 노무현 정부가 이루어 놓은 가장 큰 업적은 지방화 정책이라고 할 수 있다.

이제 다시 과거사 청산 문제를 생각할 수 있다. 노무현을 비롯한 386과 진보적 시민단체 등 정책 결정에 깊이 관여하거나 결정에 영향을 미치는 집단들의 성향을 분석하면 그들은 대부분 좌파적 시각에서 문제의 초점을 맞추고자 하고 있다.

우선적으로 국가의 정통성에 대한 문제이다. 노무현 정부는 국가의 정통성을 부정하고 있다. 이미 앞에서도 여러 차례 언급한 김영삼 문민정부는 역사 바로 세우기에서 이승만 정권을 인정하지 않고 김구의 상해 임시정부에서 국가의 정통성을 찾으려고 하였다. 또한 박정희 전 대통령이 일으킨 5.16을 군사 쿠데타로 규정

노무현 정치사상

하였다. 그러나 현재도 5.16이 군사 쿠데타냐 군사정변이냐를 두고서 논란을 거듭하고 있다.

역사적 평가란 이렇게 어려운 것이다. 근대 역사의 아버지 레오폴드 폰 랑케는 역사는 객관적인 시각에서 평하여야만 한다. 라고 하고 있다. 조선시대에 실록을 편찬하는 사관들에 대해서 당시 가장 강한 권력을 가진 왕들조차 사관이 쓴 실록을 보지 못하도록 한 이유가 바로 객관성을 상실할까 하는 문제 때문이다.

이처럼 노무현이 추구한 과거사 청산 문제는 처음부터 많은 잡음을 낳았다. 노무현은 우리의 역사는 "정의가 패배하고 기회주의가 득세했다"는 평을 하였다. 따라서 정의를 바탕으로 하는 역사를 바로 세우겠다는 것이 바로 노무현의 역사 바로 세우기의 의도이다. 이것은 친일과 친미 및 독재에 굴복하여 동조한 무리들을 역사에 세우겠다는 의도이다. 사실상 20세기의 한국 현대사는 세계사적 관점에서 보면 가장 불행하고 굴곡진 역사임에 틀림없다.

일제강점기의 친일과 독립 세력의 이분화, 해방 후에 등장한 친미와 민족주의의 이분화, 군사정변 이후부터 시작된 독재에 대한 동조와 민주화의 이분화 현상이 바로 한국 20세기의 현대사임에 틀림없다. 노무현 정부가 추진하는 과거사 청산은 부당하게 역사에서 불이익을 당하는 인물들을 역사를 통해서 바로잡아 보겠다는 의도이다. 우선적으로 친미주의자인 이승만부터 시작된 한국

정부의 뿌리를 부정하고 김구나 김규식, 여운형 등의 민족주의자
들로부터 한국의 뿌리를 내리겠다는 의도이다.

여기에 앞서서 친일주의자들에 대해서 역사에 비판을 받도록
하겠다는 의도이다. 관변단체인 민족문제연구소가 친일인명사전
을 발간하는데 정부가 적극적으로 지원하였다. 친일이냐 아니냐
의 문제는 바로 보는 관점에 따라서 다르다. 당시는 국가가 일제
치하에 있었기 때문에 일본에 대해서 어느 정도 동조를 하였는
가에 따라서 달라지기 때문에 객관적인 근거와 기준을 마련하기
가 쉽지 않다. 따라서 많은 사람들이 친일 인명사전에 올랐다. 그
러나 이것은 기준이 매우 모호하다. 이완용을 비롯하여 을사5적
신들은 친일인명전에 당연히 올라야만 한다. 그러나 일제에 어쩔
수 없이 약간의 동조를 했거나 또는 일제강점기에 공무원을 지낸
인물을 친일파로 몰아붙이는 것은 논란의 문제가 생기게 된다.

2004년부터 열린 우리당이 총선에 승리한 이후부터 과거사 정
리문제가 본격화되기 시작하였다. 과거사 진상 규명의 열풍이 불
면서 과거 군사독재시대에 대한 재조명이 일기 시작하였다. 당시
는 박정희 대통령의 딸인 박근혜가 야당인 한나라당의 대표로 있
었다. 이러한 정치적인 요인으로 인해서 집권당인 여당의 열린 우
리당은 박정희 비하 바람을 일으키기 시작하였다. 과거사 진상규
명운동은 2005년 2월 노무현 취임 2주년을 맞아서 국회에서 행한
국정연설에서 시작되면서 여론몰이로 들어가기 시작하였다.

결국 노무현 정부의 과거사 진상규명 운동은 과거 모택동이 사상운동에 실패하자 당시 젊은 홍위병들을 동원하여 그의 정치적 정적들을 제기시키는 바로 문화혁명과 같은 맥락에서 이해할 수 있다. 과거사 진상규명법은 2005년 5월 국회에서 통과되었다. 100년 전에 일어난 동학혁명 참여자 명예회복 심의위원회를 시작으로 친일반민족 행위, 제주 4.3 진상, 의문사 진상, 진실. 화해를 위한 과거사 등 16개 과거사 진상 위원회가 설립되었다.

여기에 정부는 적극적으로 나서서 엄청난 돈과 시간을 투자하였다. 동시에 심의 위원회의 상당수의 위원들이 진보적 성향의 인사들로 구성되었다. 위원회는 대부분 11명의 위원들로 구성되었다. 위원들의 성향은 과반수 이상이 진보적 성향의 위원들로 구성되었다. 여기서 한 가지 문제가 되는 것은 과거사 진실이 어느 정도 확실성을 가지고 있느냐가 문제인 것이다. 특히 당시 칼자루를 쥐고 있던 노무현 정권이 결정권에 상당한 영향력을 행사하지 않을 수 없는 실정이다.

진상규명위원회는 동학혁명까지 거슬러 올라가서 시작하였다. 동학혁명은 우리 민중들이 일으킨 진정한 밑으로부터의 혁명이다. 우리 민족이 일으킨 진정한 프랑스 혁명에 버금가는 민주화 운동이다. 그런데 문제는 신성한 동학혁명을 가지고 진상규명을 한다는 것 자체가 문제가 있다고 본다. 제주 4.3 사태 등은 진상규명이 필요하기는 하다. 그러나 그것도 정확한 진상규명이 쉽지

2장 노무현 정치철학의 이상과 좌절

않은 것이다. 친일인명사전 명단에는 총 4,389명의 명단이 들어 있었다. 이 중에는 당시 만주국 중위였던 박정희 전 대통령을 포함하여 장면 총리, 김성수 건국부통령을 포함시키고 있었다.

특히 당시 고등학교 교과서에서 가장 많이 사용하는 고등학교 교과서는 금성출판사에서 발간하는 역사교과서였다. 이 교과서에는 김일성과 모택동의 사진은 들어있다. 반면에 초대 대통령 이승만의 사진은 빠져 있다. 동시에 교과서의 내용이 친북 성향과 반미주의 성향이 상당히 강한 역사교과서라고 할 수 있다. 이러한 관점에서 보면 과거사청산과 진상규명운동은 국가와 민족의 정치발전에 어느 정도의 도움이 되는지가 의심스럽다.

역사에 대한 재조명은 그만큼 중요하고 어려운 것이다. 그렇기 때문에 이 문제는 가급적이면 정부에서는 적극적인 개입을 피하는 것이 바람직한 견해라고 생각된다. 왜냐하면 역사의 왜곡은 끝없는 역사 왜곡을 탄생시켜 결국은 이상하고 엉뚱한 방향으로 흘러가고 말기 때문이다.

10

보수언론과 전쟁

　진보주의 성향의 노무현 정부는 보수언론인 조선, 중앙, 동아일보 등에 대해서 감정이 좋지 않았다. 특히 노무현은 초년 정치인 시절에 부산지역구의 요트회원권 문제를 두고서 조선일보와 싸움을 벌인 사건이 있었다. 그 후 보수언론사들이 노무현의 정치생활에 항상 발목을 잡는 행동을 한 것에 대해서 불만을 가지고 있었다. 노무현 정부가 들어서면서 보수언론과는 단절하고 그 대신 진보적 성향의 언론들을 선호하고 가까이했다. 노무현이 집권한 이후로 진보언론사들이 정부의 광고수주를 가장 많이 받은 것으로 드러났다. 오마이 뉴스를 비롯하여 친 노사모계 신문들을 비롯하여 한겨레신문 등이 그 예라고 할 수 있다.

　노무현 정부가 집권 기간 동안 추진한 계획은 보수언론에 대해서는 강한 견제를 반면에 진보 언론에 대해서 키워주기 식의 언론 전략을 추구해 나갔다. 그 이유에 대해서는 노무현 대통령 자신이 청문회 스타로서 정치권에서 급부상하면서 조선일보 등 보수언론에서 그의 발목을 잡았다는 피해의식에서 출발하고 있다. 사실상 노무현 정부는 집권 기간 동안 보수언론 길들이기 전략을 추구해 나가면서 언론중재법을 재정하고 경제적으로 세무조사와 신문법 등을 통해서 조선일보와 중앙일보와 동아일보 등에 대해서 강력한 견제를 추구하는 정책을 추진하였다. 또한 신문유통원을 통해서 신문판매 부수를 통제하였다.

　중앙정부에 국정홍보처를 통해서 각 부서의 공무원들에게 정부업무에 대해서 기자들과의 접촉을 금지시켰다. 또한 기자들에게 알리는 공무기사를 사전에 보고하고 사후에 역시 회견 내용 등을 알리도록 강력하게 명령하였다. 또한 국정홍보처와 각 부서 간의 관계에서 공무원들의 국정홍보 업무의 비중을 높여서 승진 점수에서 가장 중요한 점수가 바로 국가 홍보 점수에 두었다. 이처럼 노무현 정부는 언론에 대해서는 가능하면 정부 정보의 노출을 꺼리면서 직접 국정홍보실을 통해서 대국민홍보 활동을 추구해 나갔다. 따라서 언론에 알 권리를 없애고 동시에 국민을 직접 상대하는 홍보정책을 추구해 나갔다.

　또한 보수언론의 힘을 줄이기 위해서 한 언론사가 전체 언론사의 30퍼센트 이상의 신문 판매 부수를 못 가지도록 하고 동시에 3개 언론사가 60퍼센트 이상의 판매부수를 가지지 못하도록 하는 신문법을 제정하였으나 이것은 헌법재판소의 위헌결정으로 인해서 목적을 달성하지 못했다. 반면에 보수언론사가 방송과 신문을 겸하지 못하도록 하는 신문법을 제정하였다. 이러한 노무현의 보수언론과의 전쟁은 끊임없이 계속되었다.

또한 국정홍보실을 비롯하여 중앙부서에 홍보담당관 제를 실시하여 각 부서의 담당관을 2-3급에서 1-2급으로 격상시켰다. 또한 국정홍보실의 홍보담당실장을 국장급에서 차관보급으로 격상시켰다.

노무현 정부가 언론을 피하는 대신에 인터넷 매체를 적극적으로 활용하여 국민들을 상대로 한 국정홍보 활동을 벌였다. 그 이유는 노무현 정부가 탄생된 직접적인 원인은 인터넷 매체를 가장 잘 활용하였기 때문이다. 인터넷으로 직접 국민과 대화하는 것이 효율성이 더욱더 높다는 것이다. 또한 신문 구독자가 1998년에 64.8퍼센트에서 2006년에서 반 토막인 34퍼센트에 불과하다는 것이다. 이것은 신문의 영향력이 인터넷의 힘보다 월등하게 떨어지고 있다는 생각에서였다.

노무현의 언론관은 언론개혁과 취재선진화가 목표였다. 노무현은 이미 2001년 해양수산부 장관 시절부터 언론과의 전쟁을 선포했다. 또한 동시에 언론사의 세무조사를 적극적으로 옹호하고 조선일보를 개혁의 적이며 한나라당 기관지라고 몰아붙였다. 노무현은 임기 동안 언론과의 건강한 긴장관계를 강조하고 나섰다.

2장 노무현 정치철학의 이상과 좌절

언론을 국정운영의 파트너가 아닌 국정운영의 방해물로 간주하였다. 동시에 투명하고 다양한 정보유통과 정·언 유착의 관계를 단절하여 언론의 공정성을 높이겠다는 의도를 분명히 하고 나섰다.

노무현 정부가 정책적으로 추진한 언론을 통한 정책은 편가르기식 홍보이다. 특히 보수와 진보의 양편의 편을 가르는 전략적 홍보를 하였다. 예를 들면 야당인 한나라당에 대해서 부정정당 또는 차떼기 정당으로 몰아붙였다. 또한 종합부동산세에 대해서는 2퍼센트의 부자와 98퍼센트의 서민으로 홍보하여 편가르기를 하였다. 행정도시 건설과 공공기관 지방이전 문제도 수도권과 지방의 싸움으로 전환시켰다.

앞에서도 언급한 것처럼 자신의 형인 노건평의 비리 문제가 일자 당시 노건평에게 돈을 건넨 대우건설 사장인 남상국에게 좋은 학교 나오고 크게 성공하신 분이 별 볼일 없는 사람에게 가서 머리 조아리고 돈까지 주는 그런 일 이제 없었으면 좋겠다는 말을 하였다. 별놈의 보수를 다 갖다 붙여도 보수일 뿐이라는 말을 거침없이 하였다. 동시에 그놈의 헌법이라는 말을 하여 일반대중들이 비공식 석상에서 사용하는 평범한 용어를 사용하여 국민들의 관심과 마음을 얻는 홍보를 하였다. 사실상 대중은 서민이 특권층보다 훨씬 많기 때문에 편을 갈라서 다수 쪽인 서민 쪽으로 가는 경우 전세가 절대적으로 우세하기 때문이다.

일상적인 말투와 버릇을 시용하고 경우에 따라서는 민주주의와 정의를 화려한 추상적인 언어도 사용하여 평민을 가장한 수법을 사용하여 서민대통령이라는 이미지를 심어 주었다. 또한 국정 브리핑을 통해서 언론과는 접촉을 피하고 직접 국민들과 접촉을 시도 하였다.

청와대는 공무원들에게 국정브리핑에 글을 올리도록 독려하였다. 그 실적을 평가에 반영하였다. 노무현은 공무원을 통해서 뿐만 아니라 스스로 직접 인터넷을 통해서 국정홍보에 나섰다. 따라서 노무현 정부는 언론을 통한 국정홍보는 가능하면 피하고 언론에 대해서 소극적인 태도를 취하였다. 또한 언론에 대해서 언론의 접근을 막는 쪽으로 정책을 추진해 나갔다.

노무현은 취임초기부터 기자들과 밥 먹지 말고 술도 마시지 말라고 지시했다. 동시에 국정홍보처와 청와대는 만일 공무원이 기자들을 만났을 때는 사후에 그 내용을 보고해 달라고 지시했다. 그 결과 언론과의 접촉은 줄어들었고 언론에 대한 자료제공을 비롯하여 인터뷰는 공식 홍보라인을 통해서만 가능했다. 동시에 국정홍보처는 정부 부서가 기자들의 방문을 제한하고 있는지를 점검하고 이것을 실적평가에 반영하였다.

노무현 정부는 개방취재 시스템을 도입하여 일부 매체에게만 출입이 허용되었던 기자실을 없앴다. 대신 브리핑룸으로 전환하였다. 일정 요건을 갖춘 모든 매체에게 출입을 허용하였다. 기존 언론의 기득권을 없애기 위해서 인터넷 언론 등 다른 언론에 대

2장 노무현 정치철학의 이상과 좌절

한 진입의 폭을 넓혀 주었다. 이와 함께 취재 기자들의 부처 사무실 방문을 제한하고 공무원들이 공보관실에 사전에 신고한 후에 취재에 응하도록 하였다. 또한 기자들과 접촉한 후에는 반드시 면담내용을 보고하도록 했다. 취재 창구 일원화 제도를 택해서 언론의 접근을 막는 정책을 추구한 것이다.

이것은 정부가 정보를 일방적으로 쥐고서 언론에 공급하겠다는 의미이다. 그 결과 김대중 정부시절 80여 명 정도에 불과한 청와대 출입기자 수가 300여 명 선으로 늘어났다. 중앙부서 출입기자단도 230명에서 430명으로 크게 늘어났다. 그 이유는 인터넷 매체 등의 언론기관도 출입을 허용하였기 때문이다. 결과적으로 노무현 정부의 언론정책은 알리고 싶은 것만 알리고 동시에 알리고 싶지 않은 것은 알리지 않는 언론정책을 추구해 나갔다.

노무현 정부는 취재 선진화 방안을 발표하였다. 그 내용의 요지는 브리핑룸을 통폐합하고 기자들의 부처출입을 전면 봉쇄는 방안이었다. 따라서 각 부처에 있던 브리핑룸은 대부분 폐쇄되었다. 중앙정부 청사와 과천청사에 종합 브리핑룸이 새로 만들어졌다. 또한 기자들의 부처 사무실 출입을 막기 위해서 건물 입구마다 출입통제기가 설치되었다.

이와 같은 기자실 개혁에 대해서 노무현 대통령은 부처의 기자실이 자유로운 취재와 국민의 알 권리를 보장해 주지 못한다. 따라서 부처에 기자들이 임의로 출입하는 관행은 없어져야만 한다.

이러한 조치는 결국 언론에 대한 노무현 정부의 폐쇄적인 조치라고 할 수 있다. 이처럼 노무현 정부와 언론 간의 갈등은 집권 마지막까지 계속되었다.

특히 노무현 정부의 언론기관의 오보와의 전쟁을 선포하면서 중재신청과 민·형사상의 고발 전으로 이어졌다. 언론에 대한 고발기준은 악의냐 선의냐를 기준으로 하여 결정하였다. 선의의 경우는 모르고 오보를 하였기 때문에 고발대상에서 제외시켰다. 그러나 악의는 알면서도 고의적으로 정부를 흠집내기 위한 오보로 간주하여 고발하였다. 이러한 악의와 선의의 기준은 주체가 정부이기 때문에 기준과 잣대가 매우 모호하였다.

정부가 언론중재를 청구한 건수가 노태우 정부에서는 8건이며 김영삼 정부시절은 27건, 김대중 정부에서는 118건으로 늘었다. 노무현 정부에서는 753건으로 급증하였다. 노무현 대통령이 직접 중재청구한 건수도 18건에 달했으며 청와대 비서실까지 합해서 55건이나 되었다.

또한 노무현 정부는 신문가판구독이 권언유착의 원인을 제공하고 있기 때문에 신문가판구독을 철저히 금지했다. 이러한 노무현 정부의 언론에 대한 공격은 언론의 사회적 책임감을 높이고 정부와 언론의 유착을 방지하여 언론의 투명성을 가져오는 계기를 마련하기는 했다. 그러나 한편으로는 정부의 언론에 대한 탄압이라는 비판을 초래했다.

2장 노무현 정치철학의 이상과 좌절

11

경제 정책

노무현 정부의 경제정책은 김대중 정부로부터 물려받은 경제 침체 상황에서 시작되었다. 따라서 상당한 위기 상황에서 경제정책을 추구해 나가야만 하는 불리한 상황에서 경제정책을 추구해 나가야만 했다. 김대중 정부는 김영삼 정부가 안겨준 외환위기 극복을 위해서 전념을 기울이다 보니 결국 양극화 현상과 대량 해고 등 많은 문제점을 남겼다.

이러한 불리한 상황에서 노무현 정부는 그의 정책이념이 분배와 균형을 원칙으로 하는 정책을 추구해 나가기 시작했다. 특히 그와 정책결정자들은 반기업 정신과 노동자 중심의 경제정책을 추구해 나갔다. 따라서 노무현 정부의 경제정책은 시장경제의 원칙인 수요와 공급을 무시한 정부개입에 의한 인위적 수요와 공급 위주의 정책을 추구해 나갔다.

다시 말하면 정부가 인위적으로 시장경제에 개입하였다. 또한 큰 틀에서 보면 성장위주의 경제정책보다는 분배위주의 경제정책을 추진해 나갔다. 가진 자들인 기업인들이 돈을 많이 벌면 그 돈을 빼앗아서 가난하고 덜 가진 자들에게 나누어 준다는 논리이다.

노무현 정부의 이러한 정책은 노동자 위주 즉, 가난한 사람들이 잘사는 사회를 목표로 하였다. 그러기 위해서는 작은 정부가 아닌 큰 정부로 만들어서 정부가 더욱더 강하게 경제정책에 개입한다는 것이다. 이 과정에서 관리하는 청와대 인원수를 늘렸다. 또한 대통령의 권한을 내각과 국무총리에게 이관한다는 명목으로 중앙정부와 국무총리실 공무원 수도 대폭적으로 늘렸다.

여기서 중요한 것은 시장경제가 독과점 등으로 인해 수요와 공급의 불균형 상태에 빠지는 경우가 허다하다. 이 경우 대부분 자본주의 국가에서는 정부의 적극적인 개입으로 인해서 수요나 공급을 균형적이고 발전적인 방향으로 만드는 것은 좋은 정책이다. 노무현 정부는 의도적으로 분배정책에 너무 치중한 결과 경제를 살리고 부를 생산하는 기업들이 위축되고 말았다.

따라서 부를 생산하는 공장이 침체상태에 빠져 버린 것이다. 그 결과 성장률이 저하되는 현상이 나타났다. 노무현 5년 동안 국가 성장률은 과거 한국정부가 기록한 경제 성장률의 평균치를 훨씬 밑도는 성장률을 기록하였다. 그 이유는 대기업을 비롯한 기업들에게 강력한 규제정책을 추진해 나갔기 때문이다.

또한 기업의 사주와 일하는 노동자들과의 관계에서 발생하는 노사분쟁에서 대부분 노동자 편에서 노동자에게 손을 들어주는 방향으로 몰아갔다. 이렇게 되자 기업 측의 불만이 늘어나고 노동자들은 툭하면 파업에 돌입하면서 상당한 생산 감소와 수출부진 현상이 나타나기 시작하였다. 세계 각국들은 한국 경제에 대한 신뢰성에 대해서 의심을 가지기 시작하면서 외국인 투자자들이 줄면서 국제시장에서 한국의 경쟁력이 약화되기 시작하였다.

국내시장에서 노무현 정부의 대기업에 대한 강한 규제조치로 수원에 설립할 예정인 삼성전자 건립이 지연되는 등 대기업들의 사업계획에 차질을 빚게 되었다. 그 결과 대기업들은 인건비가 싼 중국 등 다른 나라에 눈을 돌리기 시작하면서 국내의 내수시장이 침체되는 악순환을 거듭하게 되었다.

이러한 국내 내수시장의 회복과 국제 경쟁력을 높이기 위해 정부는 노사 간의 갈등을 피하기 위해서 기존에 노동자 편에서 사주인 기업가 쪽으로 약간 기울게 되었다. 그러자 민주노총과 금속노조를 비롯한 전국의 노동자들은 노무현 정부를 비난하기 시작하면서 노사 간의 관계가 더욱더 악화되는 현상을 초래하였다.

경제정책 실무진들을 보면 성장과 분배 사이에서 마찰이 생겼다.

그중에서 정책 분배에 중점을 둔 실무자는 이정우였다. 이정우는 당시 경북대 교수로서 이론만을 중시하는 경험이 부족한 케인즈 학파라고 할 수 있다. 반면에 성장 위주로 정책을 추진하자는 실무자는 김진표로서 그는 당시 경제부총리 자리에 있었다. 김진표는 정부의 전문경제 관료로서 모험을 싫어하는 경제실무자였다. 결국 이정우와 같은 이론가와 김진표와 같은 실무자 사이의 갈등상태에서 노무현 정부의 경제정책은 혼선을 거듭하면서 경제성장에 빨간불이 켜졌다. 여기에 더해서 시민단체까지도 재벌 규제완화를 주장하는 김진표의 정책에 반대하고 나섰다.

특히 한국을 대표하고 세계적인 다국적 기업인 삼성전자에 대해서 화성공장 건설과 쌍용자동차 평택공장 설립에 정부가 허가를 내주지 않아서 계획은 수포로 돌아가고 말았다. 쌍용은 제쳐두고 삼성은 계열사까지 포함해서 삼성에 붙어서 먹고사는 인원이 27만 명으로 한국의 경제활동 인구의 100분의 1이 삼성과 인연을 맺고 있다. 이처럼 기업을 무시한 정책은 국가경제발전에 발목을 잡는 결과를 초래하였다.

또한 두산중공업 파업 당시 노동자 분신자살 사건으로 사건이 확대되자 노동부 장관이 직접 현장에 나타나서 노동쟁의에서 노동자의 손을 들어 주었다. 또한 화물노조 파업 당시 민정수석이었던 문재인이 직접 화물노조에 개입하면서 이후 노조들은 정부와 타협을 하지 않고 바로 청와대와 접촉을 시도하기 시작하였다.

결국 이러한 것들이 흐지부지되고 노동자 편에 선 정부의 힘을 믿고 노무현 정부 당시 평균 하루 한 건 이상의 노사분규가 발생하였다. 그 결과 국제적으로 한국은 파업공화국이라는 별명을 얻었다. 외국의 기업과 투자자들은 한국의 기업에 대해서 인수합병하거나 투자를 꺼리는 이유가 바로 한국의 강한 노조 때문이었다.

이들은 노조가 약하거나 없는 기업에 투자를 하거나 인수합병을 원하였다. 그 결과 기업들의 투자율은 노무현 정부 5년 동안 3퍼센트 대를 밑돌았다. 이것은 과거 정부들의 투자율의 절반에도 못 미쳤다. 또한 2003년 외국인 직접투자는 노무현 정부 초기인 2003년에는 12억 달러로 이것은 김대중 정부시절인 1999년의 106억 달러에 비해 10분의 1도 되지 못하는 부진한 실적을 나타냈다.

분배를 항상 우선시한 노무현 정부는 복지예산에는 엄청난 투자를 하였다. 노무현 정부는 복지부분 예산을 과거 김대중 정부보다 연평균 20퍼센트 이상 증가시켰다. 이 중에서 일자리 창출 등 실효성이 있는 곳에 사용하기보다는 실업급여 등 사회적 약자를 위해서 사용하였다. 이러한 노무현 정부의 복지정책은 빈곤의 악순환 현상을 초래하였다.

빈곤의 악순환이란 "우선 먹기 곶감이다."라는 말로 표현할 수 있다. 노무현 정부는 빈부의 격차를 줄이기 위해서는 가장 기본적인 인프라를 구축하고 단계적으로 균형을 추구해 나가야만 한다. 그러기 위해서 선 성장에 중점을 둔 정책이 바로 사회의 부의 균형을 창출하는 기반이 된다. 그러나 노무현 정부는 우선적으로

노무현 정치사상

쉬운 분배정책부터 시작하였다.

돈을 많이 가진 부자들에게 세금을 많이 부과하여 그들로부터 돈을 빼앗아서 가난한 사람들에게 나누어 주는 쉬운 선 분배, 후 성장 정책을 추진해 나가면서 노무현 정부는 더욱더 빈곤층을 양상 시키는 악순환의 고리를 끊지 못하면서 경제 정책은 큰 성 과를 거두지 못하고 말았다. 노무현 정부 당시 근로자의 실질임 금 상승률은 연평균 2.1퍼센트로 역대 정부 중에서 가장 낮았다. 취업률 역시 김대중 정부의 188만 명 증가에 비해 98만 명 증가로 절반 정도에 그쳤다. 가계부채 역시 120조가 늘었다.

국가균형 발전을 위해서 노무현 대통령은 선거 공약으로서 행 정수도를 충청권으로 옮기는 공약을 발표하였다. 동시에 공공기 관을 지방으로 이전하여 국가균형 발전 전략을 수립하였다. 이러 한 정책은 장기적인 안목으로 보아서는 바른 정책이다.

사실상 한국은 좁은 국토에 너무 수도권에 편중된 것은 사실이 다. 세계 선진국가들의 대부분이 지역적으로 도시와 농촌 간의 균형적인 발전을 하고 있다. 노무현 정부는 지역균형 발전을 위 해서 여의도의 25배에 해당하는 세종시 건설을 비롯하여 송도신 도시 개발, 수도권 몇 개의 아파트 타운 건설을 비롯하여 6개 기 업도시와 10개의 혁신도시 및 7개의 혁신클러스터 건설 등을 하 면서 국가균형 발전을 추구하였다. 이외에 부산, 진해, 광양만을

2장 노무현 정치철학의 이상과 좌절

경제자유구역으로 또한 당진, 대구, 경북, 새만금, 군산 등도 경제자유지역으로 정했다. 노무현의 지역균형 발전은 부동산 투기 등을 유발하기는 하였으나 장기적인 안목으로 보면 성공적인 국가균형발전 전략이라고 할 수 있다.

3장

장래 한국정치발전에
필요한 정치철학

한국은 과연 정치발전을
하고 있는가

이제 촛불혁명은 혁명의 초기단계에 불과하다. 촛불혁명으로 국정농단의 개입자 모두를 감옥으로 보냈다. 박근혜 전 대통령과 박근혜 정부의 관련자들이 대부분 정치적 사형선고를 받았다. 그러나 이번 국정농단 사건의 이면을 분석하여 앞으로 한국정치발전에 어떠한 영향을 미칠지를 현상학적 관점에서 분석하여야만 한다.

철학에서 현상학이란 단순히 표면에 나타난 현상보다는 눈에 보이지 않는 이면과 속면을 연구하여 문제의 순순한 본질을 파악해 낸다는 것이다.

장래 한국정부에 미치는 가장 큰 영향은 무엇보다도 국민의 여론을 주도해 나가는 국회에서 여당 의석수가 여소야대로 구성되어져 있다. 따라서 한국은 정치발전을 위해서 거대한 체스가 시작된 것이다.

그러면 우선 한국은 과연 정치발전을 하고 있는가 하는 문제부터 생각할 필요성이 대두된다.

최근 고조되고 있는 한국인들의 정부규탄 시위 성향과 행동은 한국의 정치발전의 양상으로 나타난 현상이라고 것을 학술적인 차원에서 설명해 보기 위해서 정치발전론의 이론에 적용해 보고자 한다. 1960년대 이래로 정치발전이라는 용어가 비교정치학자들 사이에 논의되기 시작하였다. 그러나 현재까지도 비교정치학의 문헌에는 정치발전이라는 용어에 대한 개념 자체가 다양할 뿐만 아니라 혼미한 상태에 있다.

이러한 용어 자체의 혼미성은 정치이론의 정립에나 일반사회과학 자체의 발전에 제한을 주고 있다. 정치발전론에 대한 개념을 정립하기에 앞서 몇몇 학자들의 이론을 소개해 보고자 한다. 50년대와 60년대에 있어서 다각적인 연구의 어프로치가 대두된 바 있으나 그것을 다음의 3가지로 특징 지워서 개관해 볼 수 있다. 첫째로 체계 기능적인 어프로치에 의존한 발전연구로서 예를 들면 알몬드와 파웰Almond and Powel의 비교정치Comparative Politics: A Developmental Approaches와 데이브 에프터의 근대화 정치Politics of Modernization에서 찾을 수 있다. 둘째의 어프로치는 사회학적 어프로치로서 공업화, 도시화, 직업의 유동성의 증거 등 근대화의 일부이면서 정치발전에도 함축적인 의미를 지니고 있는 현상을 말한다. 대표적인 예로서 칼 도이치의 논문 사회 근대화와 정치발전Social Modernization and Political Development과 다니엘 러너의 전통 사회의 통과The Passing of Traditional Society: Modernizing The Middle East 등을 들 수 있다. 셋째는 역사적 어프로치로서 두 개 이상의 사회를 비교하면서 정치발전과 관련시켜 보려고 노력한다. 대표적인 학자로서 블랙Cyril Black의 근대화의 변화The Dynamics of Modernization와 바링턴 무어의 독재와 민주주의의 사회적 기원Social Origins of Dictatorship and Democracy 등을 들 수 있다.

정치발전 연구의 접근방법 외에 학자들 간에 정치발전의 개념의 정의에 의견이 분분하다. 알몬드는 정치발전의 개념정립에 크게 공헌한 학자이다. 그는 정치발전을 분석하는데 세 가지의 기준, 즉 구조의 다양함, 하부구조의 자치, 문화의 세속화 등을 들고 있다. 알몬드의 의견과는 대조적으로 루시안 파이는 정치발전을 3가지 요소 즉 타당성, 국가의 통합 및 참여 등으로 분류하고 있다. 파이의 분석 방법에 따르면 정치발전이란 정치제도와 관련하여 개인 간의 평등성의 증가, 환경과 관련하여 정치제도의 수용능력의 증가 및 정치제도 내에서의 제도와 구조의 다양성의 증대 등을 들 수 있다.

사뮤엘 헌팅톤도 정치제도 내에서의 정치발전의 개념을 타당성, 애국심, 민주성, 동원성의 4가지로 분류하고 있다. 헌팅톤은 타당성은 특수성으로부터 일반성으로의 전환 및 산만성으로부터

3장 장래 한국정치발전에 필요한 정치철학

의 특수성 및 기능의 다양성과 대중의 동원성도 정치발전을 뜻한 다고 강조하고 있다. 헌팅톤과 알몬드외에 정치발전의 개념정립에 공헌한 학자로서 로버트 워드와 와이나 교수를 들 수 있다. 워드 의 주장에 따르면 정치발전이란 기능의 차이점이 높은 정도를 말 하며 정치구조나 정치역할의 통합을 의미한다고 한다. 또 와이너 교수에 따르면 정치발전이란 다섯 가지의 통합 즉 국가의 통합, 지역의 통합, 가치의 통합, 엘리트와 대중의 통합 및 통합적인 행 동을 의미한다고 주장한다.

이상의 학자들의 어프로치 및 개념 등을 통합해 볼 때 계속해 서 정치발전이란 무엇이냐 하는 것에 대해서 혼미한 상태에 있다. 일반적으로 이상의 학자들의 의견을 종합해 볼 때 정치발전이란 단독적인 현상이라기보다는 사회. 경제적 차원과 함수관계로 파 악하여야 한다는 것이다. 즉 어떤 일방적인 관계로 보다는 상호 작용을 통해서 일정한 역사적 시점으로 형성되는 과정을 보려는 것이며, 종속적이거나 독립적인 관점을 벗어나 상호연관적인 현 상을 보려는 것이다.

이상의 학자들의 개념을 정리해 볼 때, 정치발전이란 사회에서 요구하는 증가추세와 맞추어서 정치제도의 수용능력의 성장과정 현상이라고 할 수 있다. 성장에 대해서 여러 가지 형태로 취할 수 있으나 우선 정부기능의 다양성, 조직 면에서의 복합화, 정치제도 의 자율성 증대 등을 뜻하는 것으로 볼 수 있다. 결론적으로 말

노무현 정치사상

하면 정치발전이란 정치의 제도화를 말하며 정치수용 능력이 성장과정을 통해서 지방의 도시화, 국민들의 교육수준의 증가, 구가족 제도의 붕괴 및 언론보도의 공정성 등을 통해서 국민들이 보다 정부에 대해서 합법성의 요구의 증대, 국민들의 민주주의 정신의 증대 및 정치적으로 민주주의의 갈망 및 동원성 등의 요소로 규정지어서 특징지을 수 있다.

1980년대부터 나타나기 시작한 한국에서의 국민들의 정부에 대한 강한 민주화 요구현상도 이론적인 차원에서 보면 한국 정치발전의 한 현상이라고 가정할 수 있다. 이러한 가설의 설정 즉 1980년대부터 시작된 한국 국민들의 강한 민주화 요구현상과 한국의 정치발전은 상관관계를 가지고 있다는 가설을 입증하기 위해서 1945년부터 2016년까지 70년간 한국의 역사를 몇 가지 단계로 나누어서 적용하고자 한다. 즉 제1단계는 1945년 해방 후부터 1960년의 학생혁명을 통해서 이승만 정권의 붕괴 및 장면정권의 설립, 제2단계는 1961년 5.16 군사정권의 수립 및 1979년 제4공화국의 붕괴까지 그리고 제3단계는 1980년 제5공화국의 설립과 강한 민주화 요구 발생 및 1987년 민주화 이후 현재 민주화 요구가 최고로 고조될 때까지의 3단계로 나누어서 설명해 보고자 한다.

제1단계는 1945년부터 1960년까지 즉 제1, 2공화국까지의 기간을 말하며 이 기간 동안의 한국사회를 정치 발전론적 차원에서 고찰해보면 정치조직의 제도화의 기능의 전문화가 결여된 상태라고 볼 수 있다. 즉 정치조직의 비제도화 및 기능의 비전문화도 정치적 불안정 및 비효율적 및 정치적 비민주화라고 특정 지을 수 있다.

이러한 정치발전의 단계에서는 행정부의 우월한 중앙집권적 형태 즉 모든 권력이 중앙에로 집중되고 있다고 볼 수 있다. 따라서 이러한 정부형태에서는 국민들의 정부에 대한 태도, 정당 투표 및 사법부의 법의 적용 등에 대해서 부정적인 시각으로 보여지고 있다. 따라서 이러한 정치발전 단계 하에서는 친인척 관계, 사회적 신분 및 사회계급 등에 따라서 법의 적용이 강하게 작용하여 공식적인 채널보다는 비공식적인 채널을 통해서 모든 일이 처리된다고 할 수 있다. 이 기간 동안 한국사회는 일제 식민지 상태에서 벗어난 지 얼마 되지 않은 상태에서 정치적으로 불안정, 정치적 조직의 비제도화 및 기능의 비전문화 상태에서 이승만 정권의 행정부의 중앙집권적 일당 독재형태 및 친인척에 의한 모든 일의 처리 및 실업자의 증가 및 경제적인 면에서 저개발국의 형태 등으로 특징 지워 볼 수 있다.

제2단계는 1961년부터 1987년 6.29 선언까지 제3, 4, 5공화국기간 동안을 말하며 이 기간 동안 정치 발전론적 측면에서 보면 경제발전에 의한 농촌붕괴 및 도시 농촌의 통합 현상이라고 할 수 있다. 제3공화국 정부는 박정희 정권의 강력한 통제에 의한 경제 발전에 치중한 결과 비약적인 도약을 하였으며 이러한 경제발전은 각 분야에 복합적인 기하급수적인 발전을 하도록 만들었다. 특히 1970년대 정부의 조국 근대화 작업 및 새마을 운동은 농촌의 도시화 현상 및 농촌과 도시 간의 격차를 좁히는 데 기여하였다. 이러한 한국의 경제발전은 새로운 사회계급 즉 1960년대 이전 농업국에서 1960-1970년대의 공업국으로 바뀌면서 중간층의 계급이 농민에서 다양한 직업을 가진 중산층의 탄생을 초래했다. 이러한 새로운 중간층의 직업으로서 의사, 교사, 은행원, 회사원, 학생, 교수 등 다양한 직업을 낳도록 하였으며 이들 중산층의 의식 또한 새로운 의식을 갖도록 만들었다.

새로운 의식을 가진 중간층은 한국정부의 정치적인 문제에 대해서 보다 적극적인 자세를 보이면서 정부의 비민주적 처사에 대해서 부정적인 관점을 가지고 보면서 보다 강한 민주화를 요구하고 나섰다. 이러한 현상은 1980년대 말 제5공화국 말에 더욱 심하게 나타난 현상이다. 1988년 즉 제6공화국 등장 이후 지금까지를 한국정치 발전에 있어서 제3기라고 할 수 있다. 제2단계는 3, 4공화국이 강력한 형태로서 경제발전에 치중한 결과 비약적인 경제발전을 하였으며 1988년 6·29 이후는 1980년대의 경제발전에 의한 정치발전의 성장기간이라고 규정지어 볼 수 있다. 정치발전이란 성장을 말하며 정부기능의 확장, 조직 면에서 복잡화, 정치제도의 자율성 등을 들 수 있다.

그러면 1980년대 이후에 일어난 민주화 현상은 왜 한국정치 발

3장 장래 한국정치발전에 필요한 정치철학

전 현상의 결과라고 규정지을 수 있을까. 정치발전을 이론적인 차원에서 보면 와이너 교수의 몇 가지 지적 사항인 가치의 통합, 엘리트와 대중의 통합, 통합적인 행동 등과 관련지어 볼 수 있으며 사뮤엘 헌팅턴이 지적하는 정치발전의 개념 즉 합법성, 민족성, 민주성, 동원성 등의 특징과도 관련지어서 고찰해 볼 수 있다. 와이너 교수가 지적하고 있는 정치발전 요소의 형태들 중에서 한국은 제3, 4공화국을 통해서 이룩한 급격한 경제성장으로 인해서 엘리트와 대중 간의 정치의식의 격차가 좁혀지고 가치관의 일치 및 민족정신이 고조된 결과 1980년대 표출된 강한 민주화 요구도 한국의 정치발전의 한 형태라고 규정지을 수 있다. 1970년대의 한국의 급속한 경제발전은 한국 국민들에게 정치적 타당성의 고조, 민족주의 정신의 증가, 민주주의 정신의 증가 및 사회이동성의 증가 현상을 초래했다. 이러한 현상은 1980년대 이후 정치발전 현상을 초래했으며 현재 한국의 엘리트 및 국민들 사이에 일고 있는 강한 민주화의 요구도 민족주의 정신의 고조, 민주주의 정신 및 정치적 타당성의 증가현상의 결과이며 한국의 정치발전이라고 규정할 수 있다.

한국은 지금 경제발전과 아울러 국민들의 정치의식 수준이 높아졌다. 따라서 정치제도도 국민들의 정치의식 수준에 맞추어야 한다. 한국정치가 세계 10위의 경제브랜드 가치를 가지고 있음에도 불구하고 아프리카 신생국과 같은 정치후진성을 벗어나지 못하고 있는 이유는 무엇인가. 내각제냐 대통령제냐 등의 정치제도를 떠나서 정치인들이 가지고 있는 의식구조 때문이라고 본다. 서구사회에서는 국가 일을 보기 위해서 정치인으로 발을 내디딘 경우에는 공적인 문제와 사적인 문제를 분명히 구별하여 절대로 공적인 일과 개인적인 사사로운 일과는 구별하고 있다. 그러나 한국은 개인적인 일과 공적인 일을 합쳐서 하나로 생각하여 겉으로는 공적인 일을 표방하고 사적을 일을 추구해 나간다. 여기서 사적인 일이 깊이 관여되면서 여러 가지 인간관계와 비리가 연루되어 부정이 발생하게 되는 것이다. 한국은 지난 70년 동안 대통령의 권한을 이용하며 인사문제를 비롯하여 뇌물 문제 등의 권력남용으로 인해서 대부분 실패한 대통령으로 끝을 맺고 말았다.

이제 대한민국 국민들의 정치문화와 의식수준은 선진국 수준으로 달려 나가고 있다. 모든 권한은 국민이 가지고 있으며 이미 대한민국 국민들은 실정법이나 국가의 제도 없이도 스스로 사회규칙을 잘 지켜나갈 수 있는 정치의식 수준을 가지고 있으며 스스로 실정법이 아닌 자연법에 따르고 지킬 수 있는 정치의식 수준에 도달했다. 단지 국민들의 생명과 재산을 보호해줄 편의적인 제도가 필요하다. 이러한 제도를 만들어서 잘 운영해 줄 사람을 국민들이 세금을 내서 관리하는 하인들이 필요하다. 그 하인들이 바로 정치인들이다. 정치인들에 대한 국민들의 생각은 정치인들이 더 이상 국민을 대표하는 사람들이 아니다. 그들은 단지 국민들의 일을 도와줄 고용인에 불과한 것이다.

　수천 년 동안 피를 먹고 자라서 성숙한 민주주의 국가로 성장한 서양국가의 국민 의식은 정치인들을 높이 보거나 하지 않고 단지 자신들을 위해서 일해 줄 하인들을 뽑는다는 생각을 가지고 있다. 동양 삼국 중에서 서양 문물을 일찍 받아들인 일본의 경우는 정치인에 대해서 높이 평가하지 않는다. 유독 한국이 과거 조선시대부터 내려온 관존민비 사상이 아직까지 답습되면서 또한 군사독재정부가 계속되면서 정치인에 대해서 높이 평가하는 경향이 얼마 전까지 남아있기는 하다. 그러나 글로벌 시대에 한국국민들의 정치의식 수준은 서양인들의 의식수준으로 향상되어지고 있기 때문에 정치인을 높이 평가해서는 안 되며 정치인들이 약속을 지키지 못하는 경우에는 언제든지 바꾸어 버릴 수 있는 사고가 필요하다.

　서양 정치 선진국 국민들과 정치 후진국 국민들의 정치에 대한 사고는 행동하는 양심의 차이라고 할 수 있다. 서양인들은 정치인들이 잘못을 저지르는 경우 그들을 영원히 추방시키는 적극적인 행동을 한다. 반면 중국을 비롯한 동양인들은 그냥 앞에서 보고 뒤에서만 빈정대는 행동을 한다. 그리고 동시에 정치인들이 부정을 저지르는 경우에는 그냥 넘어가기가 일수이다. 왜냐하면 동양인들은 정치인들과 싸우는 경우 자신과 가족이 해를 입을까 두려워서 그냥 넘어가고 혹 정치인들이 큰 잘못을 저지르는 경우

감옥에 보내는 벌을 주더라도 금방 그 사실에 대해서 잊어버리고 얼마 후에는 그 정치인들이 다시 나타나서 전에 저지른 죄보다 더 큰 죄를 저질러서 국민들에게 사기를 쳐서 피해를 주는 악순환이 되풀이된다. 그 이유는 바로 행동하지 않는 사고 때문이다.

막스 베버는 말한다. 행동하지 않는 동양인들을 세계의 역사에서 빼버리자고. 동양사회를 수천 년 동안 왕을 비롯한 위정자들이 국민의 인권을 유린하는 것을 알고도 국민들은 그것을 묵인하였다. 그 결과 위정자들은 기고만장하여 독재정치를 저지르고 말았다. 만일 독재에 행동하지 않고 침묵하는 자는 모두가 그 침묵에 대해서 책임을 져야만 한다. 인류의 역사를 통해서 민주주의를 발전시킨 것은 보수와 진보의 대결구도 속에서 보수와 진보 모두가 인류의 민주주의 역사발전에 기여했다고 할 수 있다. 그러면 진보와 보수 어느 쪽이 민주주의 발전에 크게 하였는가. 여기에 대해서 객관적이고 가치중립적인 시각에서 보면 진보주의가 인류의 민주주의를 발전시키는데 더욱더 기여했다는 가설을 설정할 수 있다. 이러한 가설을 역사적으로 검증하기 위해서는 객관적이고 논리적인 차원에서 진보와 보수에 초점을 맞추어서 글을 전개해 나가야만 한다.

한국의 경우는 해방 후 처음으로 진보정당인 민주노동당이 제도권에 진입하는 데 성공하였다. 광란의 역사 속에서 인류의 민주주의 역사를 발전시킨 보수. 진보주의를 논할 필요성이 있다.

그리고 인류의 민주주의 발전을 위해서 왜 진보가 더욱더 기여를 해왔으며 동시에 민주주의를 위해서는 왜 인류는 진보를 하여야만 하는가는 역사적 사실을 토대로 한 규범적 접근법을 사용하여 글을 전개해 나가야만 한다. 근현대사를 통해서 당시 진보주의 사상가들의 사상과 현재 우리나라가 처해 있는 입장을 접목시켜서 문제를 해결해 나가는 데 도움이 되리라고 기대한다. 또한 세계화시대에 동·서양의 보수·진보주의 사상가들의 사상을 이해함으로써 현재 보수와 진보로 갈라진 이분화 된 사회에서 우리가 나가는 방향에 지침서가 되도록 방향을 제시하여야 한다. 현재 한국의 민주주의는 글로벌 세계 10위권의 경제대국이라는 명칭에 비하면 너무나 초라한 후진국형 정치현실을 벗어나지 못하고 있으며 그 원인은 바로 진보와 보수의 대결 구도 속에서 진보가 항상 매우 불리한 입장에 처해서 보수와 힘겨운 싸움을 계속해 나가고 있기 때문이다. 이러한 진보의 불리한 한국의 정치 환경을 극복하는 청사진을 제시하여야 한다.

최근에 발생한 촛불혁명은 바로 영국의 명예혁명에 버금가는 무혈혁명이다. 촛불혁명은 단순히 눈에 보이는 무혈혁명을 이루기 전에 우리가 여기까지 온 과정을 분석하면 현재 한국은 민주주의가 선진국 수준에 도달한 것을 알 수 있다.

촛불혁명에 영향을 준 직·간접 요소들을 분석하여 그 요소들을 분석하는 이론적인 틀을 시스템 모델에 적용하면 어느 정도 한국이 민주주의 발전 단계에 들어서고 있는지를 이해할 수 있다. 우선 촛불혁명에 직접적인 요소는 세대교체, 경제변화, 안보변화의 요소라 할 수 있다.

세대교체 요소는 신세대들의 민주주의 의식의 성장이다. 다음으로 경제변화 요소는 한국의 경제가 글로벌 10위권의 경제대국의 문턱에 들어섰다는 점, 다음으로 안보변화는 신세대들의 안보관이 변화하였다는 요소이다. 이러한 요소들이 결국 과거 군독재 시대에는 정부의 국정운영에 대해서 방관하던 사고를 완전히 바꾸어 놓았다. 정부의 부조리에 대해서 강하게 시정을 요구하는 태도로 변하게 된 것이다.

간접적인 요소는 컴퓨터 등 디지털 혁명으로 인해서 모든 것이 투명화된 사회로 접어든 것이다. 디지털 혁명은 정보의 신속화와 정보의 바이러스화로 인해서 모든 국민들의 이동성이 빨라지게 된 것이다.

그 결과 한국의 민주주의는 이제 선진국형 민주주의로 발전하는 중에 있다고 결론지을 수 있다.

장래 한국 정치발전과
아리스토텔레스 철학

사실상 한국의 민주주의는 노무현부터라고 할 수 있다. 이상주의자 노무현의 드라마틱한 정치적 성공이 결국은 한국 민주주의의 시작인 것이다. 로마시대 초기에 민주주의는 플라톤 철학을 바탕으로 하고 있다. 로마는 초기에 집의 기둥과 주춧돌과 서까래가 필요하였다.

집을 튼튼하게 만드는 틀이 필요하였다. 주춧돌과 기둥 등 골격은 크고 튼튼하게 만들어야만 그 집이 오래 유지된다. 바로 플라톤의 이상주의 철학인 것이다. 로마 초기에는 플라톤의 사상인 신플라톤 사상이 주류를 이룬 이유가 바로 로마는 초기에 국가의 틀을 튼튼하게 만들기 위해서였다. 다음으로 로마는 후반기에 넘어오면서 아리스토텔레스 철학이 부활되었다. 그 원인은 바로 집에 틀을 만든 후 집안에 침대와 아름다운 세세한 장식을 만드는 일이 필요하였다. 이러한 일은 바로 아리스토텔레스의 현실주의 철학이 필요하였다.

장래 한국정치 지도자는 아리스토텔레스의 정치철학인 현실주의 정치철학을 필요로 하고 있다. 우리에게 필요한 것은 서양에서 제1의 정치사상인 고전주의 민주주의인 사회계약론을 넘어서 복지중심의 민주주의가 시대가 나타난 것과 같은 맥락에서 이해할 수 있다. 고전주의 민주주의의 이론인 요하네스 알투지우스, 홉스, 존 로크, 루소의 사회계약론은 결국 영국의 명예혁명, 미국혁명, 프랑스 혁명을 이루어 냈다. 한국도 군부독재로부터 민주화를 이루어 냈다. 이제 노무현 정부에서부터 후세대 정부까지 필요로 하는 것은 국민들의 복지를 필요로 하는 현실정치인 것이다. 서양의 복지정책의 대표적인 사상은 존 스튜어트 밀과 토미스 힐 그리인을 들 수 있다. 우선 아리스토텔레스와 존 스트어트 밀과 토마스 힐 그리인의 사상을 설명할 필요성이 있다.

아리스토텔레스는 기원전 384년 트라키아의 스타게이라에서 태어났다. 아리스토텔레스의 부친 니코마고스는 마케도니아 왕 아민타스 2세의 개인의사로 유명하다. 부친으로부터 초기의 지적 성장의 영향을 많이 받았다. 아리스토텔레스의 생물학이나 자연과학에 대한 관심은 그의 부친으로부터 물려받은 의학을 토대로 이루어졌다.

아리스토텔레스는 그리스 최고의 석학이며 플라톤과 함께 그

3장 장래 한국정치발전에 필요한 정치철학

의 사상이 서구사회에 미친 영향은 지대하다. 특히 천 년간 계속된 중세 신 중심사회에서 후반기부터 아리스토텔레스의 철학이 플라톤 사상을 대신해서 부활하였다. 따라서 중세 신중심사회의 후반기에 부활된 그의 철학은 중세 신 중심 사회의 최대의 석학이었던 토마스 아퀴나스 등에 의해서 아리스토텔레스의 윤리학 등 다양한 접근법을 사용하여 새롭게 해석되었다.

아테네인들이 가장 자랑스러워하는 사상가는 소크라테스와 플라톤, 아리스토텔레스이다. 그런데 공교롭게도 소크라테스가 아테네인들에 의해서 고발되어서 사형을 당하였다. 또한 그의 제자인 플라톤의 제자인 아리스토텔레스 역시 아테네인들로부터 고발을 당해서 그의 나이 62세 되던 기원전 322년에 죽었다.

인류 최대의 철학자인 아리스토텔레스의 윤리학이 서구사회에 미치는 영향력은 엄청나다. 아리스토텔레스의 철학은 중용의 도와 지행합일설로 요약될 수 있다.

아리스토텔레스의 방법론은 플라톤의 방법론과는 다르다. 플라톤은 인간이 척도가 되어야 한다는 원칙을 무시하고 있다. 플라톤은 이상적으로 존재하는 절대적 원칙과 기준을 세우고 있다. 그러나 아리스토텔레스는 플라톤의 추상적이고 절대적인 기준의 존재를 부정하고 있다. 똑같은 문제에 대해서 경험적인 관찰과 논리적인 분석에 의해서 어떤 사실의 특성을 결정한다.

아리스토텔레스의 방법론은 초기 중세의 학자들에 의해서 무시당하기는 했으나 그의 사상은 토마스 아퀴나스에 의해서 진정한 사상가로 불러졌으며 단테에 의해서 모든 것을 알고 있는 지식인이라는 평으로 존경을 받았다.

아리스토텔레스의 영향은 후기 중세 사회에 크게 영향을 끼쳤다. 그는 경험과학과 자연과학의 시조로 불리고 있다. 그가 학문 분야에 공헌한 분야는 논리학, 심리학, 정치학, 문학비평, 과학적인 연구방법, 생물학 등 모든 사회과학 및 자연과학 분야이다. 아리스토텔레스가 인류문명의 발전에 기여한 영향에 대해서 일부 학자는 크게 평을 하고 있으나 일부 학자는 적게 평하고 있어서 현재까지도 논란의 대상이 되고 있다.

아리스토텔레스는 사물의 본질을 새로운 시각에서 접근을 시도하고 있다. 아리스토텔레스는 사물의 본질이라는 것은 현재의 사물 그 자체가 아니라 그 사물 자체가 변할 수 있는 능력을 말한다. 생물학에서 씨앗의 본질은 그 씨앗의 성장과정을 통해서 발견된다.

국가적 시각에서 한 국가의 특성은 그 국가의 발전과 성향을 분석함으로써 발견될 수 있다. 한 국가가 살기 좋은 국가인지 아닌지는 그 국가의 경제적 안정도를 조사함으로써 알 수 있다. 아리스토텔레스는 구체적 상황판단만이 최상의 것이며 이러한 구체적 상황판단 없이는 참된 도덕을 찾을 수가 없다.

아리스토텔레스는 그의 최종 저서인 《윤리학》을 통해서 인간의

3장 장래 한국정치발전에 필요한 정치철학

윤리에 대해서 설명하고 있다. 그의 윤리는 넓은 의미에서 도덕이다. 도덕적인 덕은 후천적으로 배워서 알 수 있으며 어려서부터 습관에 의해서 길러진다. 도덕적으로 덕망이 있는 사람은 특정한 행동의 요구에 의해서 극단적인 방법을 피하고 신중한 판단과 합리적인 방법에 의해서 행동해야 한다는 것이다.

이러한 아리스토텔레스의 사상은 동양사회의 중용의 도에 해당된다.

아리스토텔레스에 의하면 도덕의 목적은 심사숙고한다거나 이론화시키는 것보다 행동하는 데 있다. 사회적 행동이란 인간으로서 도덕적 범위 내에서 가족과 도시 전체의 이익을 위해서 공공적인 행동에 전념한다는 것을 의미한다.

위대한 사상가 아리스토텔레스가 인간의 성공을 위해서 지적한 요소들은 행동과 변화와 지행합일, 중용의 도, 현실적 접근법, 과학적인 방법론 등을 들 수가 있다.

아리스토텔레스는 인간의 성공을 위해서 변화를 중요시하였다. 그는 모든 만물은 씨앗에서부터 멸종할 때까지 변화되기 때문에 인간도 주변 환경에 맞추어서 변화를 추구해 나가야만 성공을 할 수 있다는 것이다.

아리스토텔레스가 천 년 전에 주장한 만물이 생성되어서 멸종할 때까지 변화를 하기 때문에 인간 역시 변화를 추구해 나가야만 생존하고 성공을 할 수 있다는 것이다.

조직이나 사회에서 인간은 자신의 위치에 맞추어서 변화를 추구해 나가야만 한다. 동시에 주변 환경에 대해서도 환경에 맞는 변화를 지속적으로 추구해 나가야 한다. 이렇게 사회의 변화에 잘 대처하는 능력이 있는 사람만이 인생에서 성공을 할 수 있다고 아리스토텔레스는 보고 있다.

행동의 문제에 대해서도 아리스토텔레스는 성공을 위해서는 세운 계획을 실제 행동에 옮기는 행동력이 성공에 중요한 요소로 생각하고 있다.

플라톤보다는 현실주의적 사고에 보수주의적 사고를 바탕으로 한 아리스토텔레스의 사상은 중용의 도를 지켜나가도록 요구하고 있다. 인간의 성공을 위해서는 너무 앞서가거나 너무 뒤떨어져서 나가는 사고가 아닌 중용의 도를 지켜야만 성공을 할 수 있다는 것이 아리스토텔레스의 사상의 기본을 이루는 중용의 도인 것이다.

아리스토텔레스는 인간은 플라톤과 같이 너무 높은 목표와 이상만을 추구해서는 안 된다. 목표는 달성 가능한 목표를 세워야만 한다는 것이다.

아리스토텔레스는 인간은 정치적인 동물이다. 라는 명제를 내세우고 있다. 다수에 의한 정치를 주장하고 있다. 이 말은 현대의 조직은 최고관리자를 비롯한 소수그룹에 의해서 의사를 결정해서는 안 된다는 것을 강조하고 있다.

3장 장래 한국정치발전에 필요한 정치철학

아리스토텔레스는 전문인은 정책을 수립하여 적용을 하지만 전체 국민은 자기들의 이익을 위해서 그 정책이 좋은 정책인지 아닌지를 전문가들보다 더 잘 알 수 있다.

예술가는 자기가 만든 작품이 좋은 작품인지 아닌지는 예술가 자신이 결정할 문제가 아니다. 집이 좋은 집인지 아닌지는 그 집을 지은 건축가가 판단할 것이 아니라 그 집을 사용하는 사용자가 더 잘 안다. 배가 좋은 배인지 아닌지는 배를 만든 목수보다는 직접 배를 모는 항해사가 더 잘 안다는 것이다.

이러한 주장은 파티에 초대된 손님이 직접 요리를 만든 요리사보다 그 음식의 맛을 더 잘 안다는 것이다. 따라서 현대의 조직은 대내적으로 의사결정권이 가능하면 하부조직으로 내려가도록 해서 조직원 전체가 의사결정에 참여하도록 하는 방안이 최고의 의사결정 방안인 것이다. 또한 외부의 고객과의 관계에서도 고객의 취향을 지속적으로 파악하여 그들에게 맞는 모델을 계발해 나가야 한다.

정치적 관점에서 보면 우리는 역사적인 인물이자 정치인인 김구 선생과 이승만 대통령의 경우 김구 선생에 대해서는 이미 검증이 끝난 상태에서 그가 민족주의자이면서 사심이 없는 인물로 평이 나 있기 때문에 비록 김구가 사심이 있는 말을 하더라도 그의 말은 신뢰성이 있는 것이다.

그러나 김구를 정치적으로 모독하는 이승만 대통령의 말에는 그가 이미 자신의 정치적 욕망을 채우기 위해서 김구 선생을 몰아붙인다는 사실을 알 수가 있으며 이 경우 처음에는 이승만 대통령의 이야기가 씨가 먹혀들어갈지 모르지만 얼마 후에는 이승만의 말은 신뢰성을 상실하게 되는 것이다.

최근 노무현 전 대통령에 대해서 평가가 상당히 올라가고 있으며 그의 추종세력들이 상당히 덕을 보고 있다. 이것은 노무현 대통령이 자신의 깨끗함을 보여주기 위해서 자살이라는 미덕과 사심이 없음을 보여주었기 때문에 그에 관한 신뢰성은 올라가게 되는 것이다.

노무현 대통령은 그가 검찰의 수사를 받을 당시에 일반 대중들은 그 문제에 대해서 깊은 관심을 가지고 검찰과 노무현 측을 저울질하고 있었다. 노무현 대통령은 아리스토텔레스의 미덕과 사심 없는 마음과 실천적 지혜에 대해서는 언급을 하지 않았지만, 그가 죽음을 택함으로써 국민들은 전임 대통령인 전두환과 노태우 양 대통령이 거액의 비자금 조성에 대해서 언급하면서 노무현 대통령이 비록 어느 정도의 돈을 받았다고 하더라도 이것은 문제가 되지 않는다는 것이다.

노무현 대통령에 대해서 야당에서 탄핵을 하려고 하는 바람에 그 다음 선거에서 야당인 한나라당의 표가 나오지 않은, 즉 탄핵 역풍을 받은 것이다. 탄핵 역풍의 원인은 바로 국민들이 뽑아 놓은 대통령이 큰 하자를 저지르지도 않은 사소한 문제라고 국민들

3장 장래 한국정치발전에 필요한 정치철학

이 인식을 하게 되면서 야당이 정권교체라는 사심 때문에 대통령을 탄핵하겠다는 신뢰성을 상실하도록 만들었기 때문에 탄핵 후에 있던 총선에서 야당은 탄핵 역풍을 맞은 것이다.

정치권은 어느 나라 어느 곳에서나 시끄럽다. 정치선진국 미국의 경우에도 국민들 사이에 아주 머릿속에 박혀져 있는 말이 바로 정치인과 중고 자동차 판매상의 말은 듣지 말라고 하는 말이 유행하는 이유는 어디에 있는가.

바로 아리스토텔레스가 말하는 에토스의 출발이 부족하기 때문이다. 에토스의 기본요소인 미덕과 지혜는 가지고 있더라도 사심이 있기 때문에 정치인을 믿지 못하는 것이다.

얼마 전에 한국사회에서는 국민들 사이에 정치인 불신의 감정이 폭발하였다. 왜냐하면 많은 정치인들이 부정에 연루되는 사건이 발생하면서 국민들은 정치인이 아니고 정치를 멀리하는 인물들을 선호하면서 곧바로 있던 서울시장 선거에서 무소속의 박원순 후보가 당선되면서 정치와 그동안 거리를 두었던 안철수 교수가 대통령 후보의 링에까지 올라올 정도로 한국인들의 정치인들에 대한 불신감은 커져가고 있다. 이러한 상황에서 아리스토텔레스가 보는 관점에서 정치인들의 말이 신뢰를 얻기 위해서는 어떠한 방법이 필요한가.

여기서 아리스토텔레스가 보는 관점에서는 훌륭한 사람이 말을 잘하며 공자가 보는 관점에서는 덕이 있는 사람이 말을 잘한다. 라는 것과 같이 정치인이거나 아니면 비록 정치인이 아니더라도 훌륭한 삶을 살아온 사람이 정치의 무대에 서기를 희망하고 있으며 이들이 일으키는 폭발력은 앞으로 크다고 예상할 수 있다.

수년 전에 돌아가신 법정스님의 말은 비록 그가 아리스토텔레스의 아토스를 활용하지는 않았지만, 그는 무소유에서와 같이 사심 없는 마음과 미덕 그리고 삶을 슬기롭게 살아가는 실천적인 지혜를 보여주면서 그의 저서 무소유는 베스트셀러가 되었다.

여기에 더해서 그는 내 이름으로 출간한 책들이 다음 생에 가져가지 않겠다며 더 이상 출판을 하지 못하도록 하면서 그의 책은 독자들에게 더욱더 책을 소유하고 싶도록 만들어 버렸다.

법정스님에 대해서 그는 비록 이생에서 사라졌지만 그가 남긴 마지막 유언 속에서 사람들은 에토스를 좇으려는 마음으로 요동치고 있지 않았던가.

여기서 우리가 현실 정치와 관련하여 생각해볼 점은 정치인들이 자신들의 나쁜 전력을 지우기 위해서 더욱더 자신의 에토스를 덮으려고 노력을 하면 할수록 듣는 사람들은 더욱더 그 정치인을 의심하게 되는 것이며 반대로 법정스님처럼 자신을 지우려고 하면 할수록 사람들은 더욱더 그를 믿고 따르려고 하게 되는 것이며 이것을 에토스의 역설이라고 할 수 있다.

아리스토텔레스의 설득은 현대 정책 결정자들에게 중요한 의미를 부여하고 있다.

국민의 대표자로 뽑혀서 활동을 하는 정치인보다는 실제로 정치적인 생활 속에 살아가는 국민들이 자신들이 뽑은 정치인에 대해서 더욱더 잘 알며 또한 정책을 직접 만든 정책결정자들보다는 실제로 그 정책에 의해서 생활하는 국민들이 그 정책이 훌륭한 정책인지 아닌지를 더욱더 잘 안다는 것이며 이것이 바로 현대 간접 민주주의를 상징하는 것이다.

중용의 덕

앞에서 이미 언급한 것처럼 아리스토텔레스의 철학적 사고는 현실주의적 접근법인 중용의 도를 바탕으로 이루어지고 있다. 따라서 아리스토텔레스의 에토스는 그의 윤리학에서 찾을 수가 있다. 아리스토텔레스의 윤리학은 니코마코스의 윤리학에서 발견할 수 있으며 그의 아내 헤르 필리스와의 사이에서 낳은 아들의 이름이 니코마코스이며 아들의 이름을 딴 윤리학 교과서가 바로 니코마코스이다.

니코마코스 윤리학에는 에토스의 하위개념인 미덕과 실천적 지혜와 사심 없는 마음에 대해서 논의를 하고 있다.

그의 윤리학에는 덕에는 두 가지의 덕이 있으며 지적인 덕과 윤리적인 덕으로 나누어져 있으며 실천적 지혜는 지적인 덕이며 사심 없는 마음은 윤리적인 덕이라고 할 수 있으며 미덕은 바로 지적인 덕과 윤리적인 덕에 대한 총체적인 개념이라고 할 수 있다.

아리스토텔레스는 덕이란 인간을 선하게 하는 품성이라고 정의를 내릴 수 있으며 그러면 선이란 무엇인가에 대해서 논의가 필요하다.

선이란 다른 모든 것이 그것 때문에 행하여지는 것이며 행위와 추구의 목적이 선이며 우리가 행하는 모든 것을 위한 하나의 목적이 있다면 그것이 바로 선이다.

아리스토텔레스는 그의 스승인 플라톤과는 다른 관점에서 선에 대해서 설명하고 있다. 플라톤은 그의 공화국은 거의 전부가 덕이 곧 지식이다. 라는 논제를 가지고 해석해 나가고 있으며 결국 선이란 정의라고 규정하고 있다.

아리스토텔레스는 인간의 모든 행위에는 목적이 있으며 그것이 바로 선이라고 규정하고 있으며 인간의 모든 행위의 목적이 선이라고 할 때 인간을 선하게 만드는 품성이 덕이라는 것이다.

플라톤은 덕이 곧 지식이다. 에서 덕을 지혜, 용기, 절제, 정의의 4가지 요소로 구성되어져 있다는 것이며 이러한 것들이 조화와 균형을 이룰 때 선이 실행되는 것으로 보고 있으며 반면 아리스토텔레스는 선의 근본적인 요소가 덕이라는 것이다.

아리스토텔레스의 중용은 지나치게 과하거나 또는 지나치게 부족함이 없이 바로 중간의 형태를 취하는 것이며 이것을 중용 속에 미덕이 있다는 것이다. 중용이란 지나치지도 않고 모자라지도 않는 정황에 맞도록 처신하는 감정이나 행동을 말한다.

품성이 좋은 인간이란 미덕을 지키는 정황에 맞게 중용에 입각하여 행동하거나 유지하는 사람이 되는 것을 말하며 지나침은 허세이며 부족함은 비굴인 것이다.

중용과
리더십 문제

아리스토텔레스는 선을 인간이 추구하는 목적이며 리더십에서 진정한 리더는 윤리적인 리더가 아니라 설득하는 리더를 말하며 리더 자체의 품성을 다루는 것이 아니라 어떻게 말속에 리더의 품성이 드러나게 하는가가 문제의 초점이다.

아리스토텔레스는 품위 있는 리더의 자질로서 미덕과 실천적 지혜와 사심 없는 마음을 듣는 사람에게 보여야만 한다.

아리스토텔레스는 미덕은 중용에 있다고 보고 있으며 자신의 품성을 드러내는 일은 중용의 도를 따라야만 한다고 할 수 있다. 지나치지도 않고 모자라지도 않게 자신을 드러내는 방법은 여러 가지가 있지만, 그중에서 설득력과 함께 영향력을 들 수가 있다.

설득력은 한 사람이 다른 사람에게 하는 행동을 말하며 영향력은 자신의 설득으로 인해서 다른 사람들의 생각과 행동과 믿음을 바꾸는 것을 말한다. 설득이 목표물을 향해서 나서는 사냥이라면 영향력은 목표물이 스스로 나에게 모여들게 하는 낚시인 것이다.

설득이 스스로를 끝없이 노출시키고 광고하는 것이라면 영향력은 설득을 행함이 없이 수많은 사람들의 마음에 영향을 미쳐서 사람들이 모여들게 만드는 방법인 것이다.

경험이 주는
실천적 지혜

실천적 지혜는 그 상황에 맞추어서 올바른 능력을 찾아내는 능력이 실천적 지혜이며 일을 제대로 처리할 수 있는 감각이 뛰어난 사람이 실천적 지혜가 있는 사람이다. 아리스토텔레스의 니코마코스의 실천적 윤리는 자신의 환경에 맞추어서 무엇이 유익하고 좋은지를 판단하는 것을 실천적 지혜라고 한다.

아리스토텔레스는 실천적 지혜와 철학적 지혜를 구분하여 실천적 지혜는 경험에 의한 지혜이며 철학적 지혜는 이성을 강조하는 지혜를 의미하며 자신의 화려한 이력의 소유자임을 강조함으로써 자신의 실천적 지혜를 드러낸다.

우리나라나 미국의 정치인들을 보면 대부분 성공하는 정치인들은 과거 자신의 행적인 아주 나쁜 환경에 빠져 있다가 다시 재출발한 것을 내세우는 경우에 그는 크게 듣는 사람들에게 호응을 주는 것이다. 예를 들면 흑인 출신 대통령 오바마는 어린 시절에 마약에 빠졌다가 다시 새 출발하여 하버드까지 졸업한 입지전적 인물임을 강조하거나 조지 부시 2세 역시 40세까지는 빈둥거리다가 40세부터 사업을 시작하였는데 열심히 하여 성공을 거두었다는 식의 이야기는 듣는 사람들에게 상당한 호응을 주는 것이다.

미국에서도 대부분 자신이 대통령이 되기 위해서 어릴 때부터 준비를 한 인물은 대통령이 되는 일이 드물며 갖은 고생을 겪은 입지전적 인물이 대통령으로 당선되는 일이 대부분이다.

이러한 경우에는 자신이 농촌 출신이라든가 빈민가 출신이라는 점이 귀족출신이라는 점보다도 훨씬 유리한 입장을 차지하는 것이다. 이명박 대통령은 유복자로서 야간 학교를 나왔다는 점이 선거에서 유권자들을 설득하는데 매우 유리한 조건이다.

다음으로 서민강조형도 듣는 사람들에게 상당히 호응을 얻을 수 있으며 과거 박정희 대통령이나 노무현 대통령이 서민들과의 융화를 잘함으로써 상당한 효력을 얻어 냈었다. 특히 노무현 대통령은 그의 트레이드마크인 고졸출신이면서 사법고시를 합격한 입지전적인 인물임으로 강조함으로써 서민들로부터 동질성을 끌어낼 수 있었으며 이명박 대통령의 경우는 항상 나도 노점상 출신이라는 서민형을 강조함으로써 듣는 사람들에게 상당한 동질성을 찾아낼 수 있었다.

또한 박정희 대통령도 농민의 자식으로서 모내기가 끝나는 시점에는 농민들과 막걸리를 나누는 장면은 국민들로부터 동질성을 찾아내기 위한 전략이라고 할 수 있다.

3장 장래 한국정치발전에 필요한 정치철학

3

장래 한국의 복지정책과
존 스튜어트 밀의 철학

한국은 글로벌 경제 브랜드 세계 10위라는 타이틀을 가지고 다닌다. 세계 230여 개의 국가 중에서 경제 강대국에서 이제 초강대국으로 도약하고 있다. 이런 상황에서 우리에게 필요한 것은 바로 서양의 복지국가들과 같은 수준의 복지정책을 추진하여 복지국가를 만드는 일이 가장 시급하다.

사실상 한국도 이제는 국민 모두가 일하지 않고서 놀고먹는 국가로 만들 필요성이 있다. 서양의 복지정책은 존 스튜어트 밀의 철학을 바탕으로 하여 토마스 힐 그리인이 현대 사회복지제도의 아버지라고 할 수 있다.

존 스튜어트 밀은 제임스 밀의 아들로서 영국 공리주의를 급진적인 개혁적인 차원에서 변화를 시킨 공리주의의 완성자이다.

당대의 석학인 아버지 제임스 밀에 의해서 철저하게 교육을 받은 스튜어트 밀은 경제학을 비롯하여 철학과 정치학의 다방면에서 박식한 사상을 보여준 당대의 석학이었다. 그의 경제학적인 차원에서의 학식과 정치학적인 관점과 철학적인 바탕은 산업사회의 과도기적 사회의 문제점을 지적하고 경제 정치적인 관점에서 문제점을 제시하면서 문제를 해결하도록 노력했다.

그의 사상은 벤덤의 쾌락주의와 최대다수의 행복을 양적인 면에다 치중한 것을 질적인 면으로 바꾸어서 그의 논리를 전개해 나간 사상가이며, 그는 당시 영국사회의 모순점을 혁명을 통해서보다는 점진적인 개혁을 통해서 정치 경제 사회적인 면에서의 개혁을 주장한 사상가였다.

밀의 사상은 개인과 사회의 어느 쪽에 더 역점을 두어야 하는지에 대해서는 분명하지 못한 점이 많이 있다. 밀의 사상을 대표하는 저서로서 《자유론》, 《대의정치론》, 《공리주의론》, 《자서전》 등이 있다. 그의 사상은 개인과 사회를 어떻게 동시에 발전시켜나가는가 하는 것이 그의 근본과제이자 공리주의 이론의 궁극적인 목적이라고 할 수 있다. 벤덤이 주장하는 인간의 쾌락의 양적인 문제에 대해서 그는 질적인 문제로 전환시켜 보려고 노력한 사상가였다.

정치적으로 자유주의와 경제주의의 문제가 동시에 사회의 문제로 제기되는 시대에 그의 사상은 자유경쟁제와 정부의 개입의 한계, 특혜제도의 배제 등 경제적인 관점에서의 문제점을 제기시키고 있다. 또한 정치적인 관점에서 그가 지적하는 것은 영국의 대의정치의 문제점과 여론, 선거제도의 문제점과 복수선거제 등 구체적인 문제점을 지적하면서 점진적인 수정의 필요성을 주장하고 나섰다.

여성과 노동자 문제에 대해서도 당시로서는 획기적인 사상을 가지고서 사회에 도전한 사상가이었다. 특히 그는 당시 남성 우위의 사회에 여성과 남성을 동등시하는 진보적인 사상가였다.

개인과
사회와의 관계

존 스튜어트 밀은 개인 인격과 발전을 사회의 발전과 연관시키고 있기는 하나 개인의 자유를 우선시하고 개인의 인격과 발전을 중요시한 철저한 개인주의 사상가이었다. 이러한 밀의 개인주의 사상은 「만족한 돼지보다는 불만족한 소크라테스가 되라」는 그의 논제에서 알 수가 있다.

행복의 사회적 기준이 사회의 질서와 안정에 있다는 것에 대해서 반대의 입장을 나타내고 있다. 개인의 인격적인 발전이 결국 사회의 발전인 것이다. 인간의 자유는 행동과 사상 및 언론의 자유인 것이다. 개인의 독창성과 자주성을 최고로 발전시키는 것이 바로 사회의 발전인 것이다. 인간의 사회의 발전과 인간개인과의 관계를 동시에 연관시켜서 발전시켜 나가기를 원하고 있으나 개인의 발전 여하에 따라서 사회의 발전이 뒤따른다는 주장이다.

밀의 사상은 그리인의 사상과 벤덤의 사상과는 다른 점을 가지고 있다. 벤덤과 그리인의 중간 정도의 사상을 가지고 있다고 생각하면 어느 정도 그의 사상을 이해할 수가 있다. 따라서 그의 사상은 벤덤의 개인의 양적인 쾌락추구와 최대다수의 최대행복론에 좀 더 질적인 면에서 수정을 가하기는 하였다. 그러나 그리인이 주장한 사회와 개인을 동시에 보호하는 사회를 중요시하기보다는 개인이 우선시 되는 사회를 중요시했다.

정치적인 차원에서 대의 민주주의제를 주장했다. 그러나 당시 산업민주주의 사회의 과도기에 처해있던 영국사회에 대의제의 문제점을 지적하면서 개혁을 요구하고 나섰다. 빈곤층과 노동자 문제에 있어서도 그는 노동자의 선거권을 주도록 했으며 비록 재산이 없더라도 지적인 판단능력이 있는 경제적 빈곤층에게는 복수 선거권을 부여하도록 하는 획기적인 제안을 했다.

밀의 사상의 영향은 영국사회를 비롯한 당시 유럽 사회가 안고 있는 정치적인 문제점과 경제적인 문제점을 해결해 나가는 데 중요한 역할을 하였다. 개인과 정부권력의 한계를 명백히 하여 정부의 소극적인 개입을 주장하였다. 이러한 정부의 소극적인 개입은 국가가 명백하고 현존하는 위험이 존재하지 않는 범위 내에서의 활동을 의미하였다.

밀은 순수하게 개인보호위주의 사상에 치우쳐 있던 홉스나 로크의 사상에서 벗어나서 토마스 힐 그리인이 주장하는 개인과 사회를 동시에 보호하는 사상과의 중간에 있다는 것이다. 따라서 그의 영향은 후세 복지사회를 마련하기 위한 기본적인 역할을 하였다. 그러나 그의 사상은 로크 등이 주장하는 개인주의 사상에서 완전히 탈피하지 못하였다.

밀의 진보적인 사상은 그 시대가 인류최초의 경제혁명인 산업혁명으로 인한 산업주의 사회의 발달로 인한 혼란기적 사회체제에 있었다. 따라서 그의 사상은 정치 경제학적 관점과 접목시켜서 해결해 나가야만 하는 시대였다. 그는 당대의 최고 경제학 분야의 석학인 고전파 학자들을 능가하는 경제학적 지식을 가지고 있었다. 이러한 그의 경제적 시야를 바탕으로 한 정치학과 철학의 접목은 그가 자유론 등에서 그의 독자적인 철학을 내놓을 수가 있었다.

밀은 개인과 사회의 연계적인 발전론을 주장하였다. 개인의 발달이 바로 사회의 발전이며 사회의 행복의 궁극적인 목표인 것이다. 최대다수의 최대행복론과 만족한 돼지보다는 불만족한 소크라테스가 되라는 그의 주장은 그가 개인의 행복과 사회의 발전을 동시에 추구해 나가기는 했다. 그러나 밀은 역시 개인 위주의 사상에 치중한 것임에 틀림없다.

그의 철학관은 선을 강조하고 있다. 인간과 사회의 행복은 최대 다수가 최대의 행복을 가지는 것이 사회의 선이며 개인의 선이라는 것이다. 인간은 사회의 선과 개인의 선을 동시에 추구해 나가는 것이 개인과 사회의 최상의 목표로 보고 있다. 따라서 헤겔이 보는 국가유기체설을 부인하고 있다.

밀은 자유론에서의 그의 사상은 비록 명백하지 못한 점이 있기는 하나 그의 정치사상은 당시 영국의 의회제도와 대의제의 문제점의 시정을 요구하는 개혁적이고 진보적인 사상을 보여주고 있다. 구체적으로 선거의 방식이나 복수투표제 등 대의민주주의가 안고 있는 많은 문제점을 지적하고 개혁을 요구하고 나섰다. 특히 대의민주주의 폐단은 잘못하면 전제주의로 변할 가능성을 지적하고 있다.

그의 빈곤층과 노동자 및 여성에 대한 진보적인 사상은 여성의 종속 등 그의 대표적인 저서를 통해서 그의 진보적인 사상을 피력하고 있다. 그의 사상은 후세의 여성의 남녀동등 사회를 형성하는데 크게 기여하였다.

또한 빈곤층이라도 지식을 가진 사람은 복수투표권의 인정을 주장했다. 그의 이러한 빈곤층의 사회적 동등성은 자본주의 사회에서 민주적인 자본가와 노동자가 동등한 권리를 가지는 노동 복지법과 노사관계법 및 노사계약체결 등 노동자 위주의 민주주의 사회를 만드는데 크게 기여하고 있다.

노무현의 정치철학 역시 노동자 위주의 철학이었다. 그의 사고는 쥐가 고양이를 이기는 사회를 건설하는 이상 사회를 실현하고자 하였다. 이러한 관점에서 보면 노무현의 정치철학과 존 스튜어트 밀의 사상에 기반을 두고 있다고 할 수 있다.

──── 4 ────

사회 개혁과 토마스 힐 그리인의
복지정책철학

 토마스 힐 그리인은 영국 옥스퍼드학파를 대표하는 급진적 이상주의자로 분류할 수 있다. 그리인은 산업혁명으로 인한 기존사회로부터 사회체제의 복잡화 현상에 초점을 맞추어서 그의 진보적 노동자 계급에 대한 선거권 부여와 함께 사회적 참여도의 급증 등 변혁기의 사회에 맞는 사상을 제시한 인물이었다.

 그리인은 당시 주류를 이루고 있던 공리주의에 대해서 반기를 든 사상가였다. 공리주의는 개인보호를 중심으로 한 소극적인 사상에 불과하며 보다 적극적인 개인보호의 정부정책을 필요성을 주장하고 나섰다.

 그리인의 대표적인 저서 《자유주의적 입법과 계약의 자유 및 정치적의무의 제 원리》에서 벤덤이나 존 스튜어트 밀의 공리주의의 비판에서 그의 논리를 전개해 나가고 있다. 벤덤이나 밀의 쾌락이 최대의 행복을 추구하는 논리와 최대다수의 최대행복론은 개인보호차원의 소극적인 개인보호주의에 불과하다.

그리인의 사상은 개인과 사회를 연결하는 개인과 사회를 동시에 보호하는 적극적인 자유의 필요성을 주장하고 나섰다. 그리인의 사상은 오늘날 사회복지국가를 창출하는데 결정적인 역할을 했으며 그리인을 사회복지제도의 원조로 불리고 있다.

그리인에 의하면 과거의 자유는 통치자로부터 개인의 자유나 재산을 보호하는 소극적인 자유를 중심으로 하는 정부와 법이 존재하고 있었다. 그러나 이러한 법률은 개인을 단지 보호하는 차원에서의 존속에 불과하며 이러한 법과 정부의 존속은 자칫하면 개인의 인권을 침해하는 소극적인 역할을 할 우려가 있다.

그리인은 개인과 사회를 동시에 보호하는 복지사회의 창출을 위해서는 개인의 적극적인 자유가 필요함과 동시에 정부의 적극적인 개인보호 차원에서의 역할을 강조하고 나섰다. 자유방임주의의 자본주의 체제에서의 자본가 중심의 대기업의 등장은 개인을 노동자로 전락시켜서 중산층의 몰락과 함께 개인의 자유는 무시당할 염려가 크다는 것이다.

그렇다고 그리인은 헤겔이 주장하는 국가유기체설이나 보상케의 보수주의 국가이론을 동조한 것이 아니다. 그의 이론은 산업혁명에 의한 산업주의 사회에서 경제적인 면에서 보다는 자유주의적인 관점에서 인간 개인과 사회 전체의 공존의 필요성을 주장한 진보주의자였다.

최대다수의 최대행복은 결국은 개인 하나하나의 복지는 생각하지 않는 많은 허점을 가지고 있다. 또한 사회의 발전과 증진은 고려하지 않고 단지 개인의 쾌락만을 강조한 것은 많은 문제점을 가지고 있다는 것이 그리인의 사상 전개의 출발점을 형성하고 있다.

그리인
사상의 영향

그리인의 사상은 당시 사회가 소극적인 개인보호 차원의 사회라는 점에서 비판을 가하고 있다. 소극적인 개인보호는 법률의 제지를 받아서 개인의 자유는 침해를 받게 마련이다. 또한 당시 정부형태인 소극적 정부는 개인의 인권과 재산 침해 정도의 소극적인 보호에만 관여하는 소극적 정부형태는 산업사회에는 적합하지 않다는 것이다.

그리인은 적극적인 개인보호에 관심을 돌리게 한 이상주의자이였다. 그의 공헌은 근대 자유주의 사상으로부터 현대 자유주의 사상인 개인과 사회를 동시해 보호하는 현대의 사회복주국가를 형성하게 한 사상가이었다. 그리인은 자유방임주의에 바탕을 둔 공리주의 사상에 대해서 강하게 비판을 가했다.

3장 장래 한국정치발전에 필요한 정치철학

그리인은 개인과 사회의 연계성을 주장하며 개인과 사회의 상호의존성의 원칙을 내세우고 있다. 영국의 공리주의가 주장하는 질과 양의 양쪽의 균형 있는 개인의 행복과 쾌락의 추구는 사회가 가지고 있는 많은 문제점을 제대로 파악하지 못하고 있다는 것이다. 이러한 사회와 개인의 상호의존 관계에 적극적으로 개입하여야 하는 것이 국가이다. 국가의 적극적인 개인과 사회의 보호를 위해서 하는 일이 바로 국가의 존재 이유인 것이다.

그리인은 노동자 계급의 선거권 인정에 대해서 아리스토텔레스의 그리스 시민이 아닌 노예의 선거권을 주어서는 안 된다는 이론을 반박하고 나섰다. 시민의 권익과 사회의 안정을 위해서는 노동자 계급에게 선거권의 부여의 중요성을 강조하였다. 또한 경제적으로 부르주아의 급격한 성장에 제동을 걸어야 사회와 개인이 모두 생존해 나갈 수 있다. 그렇지 않으면 중산층의 몰락을 초래할 우려가 있음을 강조하고 있다.

그의 국가에 대한 존재는 헤겔이 국가유기체설에 의한 폐쇄적이고 보수적인 사상과는 달랐으며 보상케의 보수주의적 국가이론과는 달랐다. 그의 이론은 현대의 공리주의를 바탕으로 한 자유주의이론을 한 단계 끌어 올려서 현대의 개인과 사회의 동시보호를 바탕으로 한 복지사회 실현에 결정적인 역할을 한 사상가였다.

노무현의 복지정책은 복지정책의 아버지인 토마스 힐 그리인의 사상과 같은 맥락에서 이해할 수 있다. T. H. 그리인의 사상은 개인과 사회를 동시에 보호하는 이상주의 사상이었다. 노무현 역시 현실보다는 이상주의자였다. 그러나 문제는 노무현의 사회와 개인을 동시에 보호하는 정책은 개인보호주의자들인 보수기득권층의 강한 반발로 인해서 실패하고 말았다. 이것은 앞에서도 언급한 중국 송나라 신종 때 개혁가 왕안석이 시도한 개혁안이 보수기득권층의 강한 반발로 인해서 실패로 끝이 난 것과 같은 맥락에서 이해할 수 있다. 그러나 왕안석의 신법안은 후대에 도입되어서 빛을 볼 수 있었다. 노무현이 도입하여 시도하려다 실패한 개혁정책은 후대에는 실현되어서 빛을 발하게 되리라고 기대된다.

장래 한국 정치가 극복해야 할 과제

---- 1 ----

현재 한국은 왜 진보와 보수의
진흙탕 싸움에서 진보가 불리한가

    장래 정부가 한국을 서양 선진국 민주주의 형태의 정부의 괘도로 완전히 올려놓기 위해서 여러 가지 내·외적인 요소들이 작용하고 있다. 특히 서민중심을 위한 개혁에 성공하기 위해서는 보수 기득권층의 강한 저항을 받을 것이다.

    역사적으로 개혁이 성공을 거두기 위해서는 보수 기득권층의 저항이 가장 큰 문제이다. 다음으로 개혁은 반드시 서민중심인 밑으로부터 시작하는 개혁이라야만 한다. 동시에 개혁에 대한 개혁자의 확고한 정치철학이 가장 중요하다. 개혁은 내부의 분열로 인해서 실패하는 경우가 허다하다. 내부의 결속력을 지배할 리더십 역시 중요한 변수다.

    우선적으로 장래 한국정부가 개혁에 성공하기 위해서는 보수와 진보의 틀을 깨는 일로부터 시작해야만 한다. 보수가 과반수

4장 장래 한국 정치가 극복해야 할 과제

를 넘는 것과 더불어 기득권층은 자신의 것을 진보에게 넘기지 않기 위해서 강한 저항을 할 것이다.

이런 경우 자칫 잘못하는 경우에는 역효과가 나타나서 국가의 혼란을 초래할 것이다. 역사적인 관점에서 보면 중국 송나라 신종 때 개혁가인 왕안석의 신법은 사마광 등 보수 기득권층의 강한 반발로 인해 국가의 혼란만 초래하는 결과를 낳았다. 물론 왕안석의 신법은 오랜 시간이 지난 후에 시행되기는 하였다. 그러나 대부분 실패의 원인은 보수와 진보의 분열 때문이다. 장래 정부가 해야 할 가장 큰 과제는 극우와 극좌를 없애고 보수와 진보의 틀을 깨는 일부터 추진하여야만 한다. 그러면 한국은 왜 진보가 보수보다 불리한 입장에 있는가 하는 문제부터 생각해 보아야만 한다.

한국사회에서 형성된 보수주의와 진보주의 중에서 정치사회적인 관점에서 진보와 보수의 대결구도에서 진보는 보수를 이기지 못하고 있다. 진보가 보수를 이기지 못한다는 것은 정치적인 차원에서 선거를 통해서 나타난 대결구도를 비롯하여 경제적으로 사회 계층 간에 나타나는 대결 구도 등을 바탕으로 하여 1948년 한국정부가 수립된 이래로 나타난 현상을 토대로 볼 때 진보가 보수를 이긴 적이 드물었다. 이것은 정치적으로 신생국들이 가지고 있는 공통점이기는 하지만 보수집단인 기득권층의 횡포와 정치적 권력을 가진 보수집단의 강력한 영향력 등으로 인해서 진보는 보수를 이기지 못하였다. 해방 이후의 한국사회는 정치가 차지하는 비중이 가장 컸다고 할 수 있다. 정치가 가장 위에서 군림하면서 그 밑에 경제가 형성되면서 사회계층이 형성되었다.

따라서 정치적으로 보수가 정권을 잡느냐 진보가 정권을 잡느냐에 따라서 경제를 비롯하여 사회계급의 구조 역시 달라진다. 이승만 정권 이래로 한국의 정치사는 심한 소용돌이 역사의 연속이었다. 이러한 소용돌이 역사 속에서 진보적 정당이 정권을 잡은 기간은 김대중 정부와 노무현 정부의 10년간은 진보주의의 승리라고 할 수 있다. 그러나 김대중 정부는 김대중 대통령 개인적인 민주화 투쟁 경력을 바탕으로 하여 보수사회에 대해서 대항할 수 있었으나 노무현 대통령의 진보정치는 보수 기득권층의 탄핵을 비롯한 강한 저항으로 인해서 진정한 진보주의적 정치를 할 수가 없었다. 따라서 한국사회는 보수와 진보의 대결에서 보수가 주도권을 잡고서 과거의 역사를 움직여 나왔으며 앞으로도 진보와 보수의 대결에서 보수가 승리할 가능성이 크다고 할 수 있다.

그러면 미국과 같은 대통령제 정치형태를 취하고 있는 한국사회는 왜 진보는 보수를 이기지 못하는가. 이 문제를 해결하기 위해서는 현재 한국이 가지고 있는 내외적인 환경적인 요소를 분석해 볼 필요성이 있다.

4장 장래 한국 정치가 극복해야 할 과제

지역주의를
바탕으로 하는 문화

　지역을 가지고 그 지역이 진보주의냐 또는 보수주의냐를 논한
다는 것은 어려운 일이기는 하지만 그 지역이 가지고 있는 정치성
향 등을 바탕으로 하여 볼 때 한국은 영남지역과 호남지역의 양
대지역이 보수주의와 진보지역으로 명확하게 구분된다. 영남지역
은 보수주의를 대변하며 호남지역은 진보주의를 대변하고 있으며
이것은 선거 때만 되면 강하게 나타나는 현상이다. 이러한 보수
와 진보가 나타나는 강한 현상은 제3공화국으로부터 나타난 현
상이다. 그러나 한국의 역사를 분석해 보면 삼국시대로 거슬러
올라가면 지금의 호남에 해당되는 백제가 지금의 영남에 해당되
는 신라보다는 더욱더 진보적인 사고를 가진 국가였다. 그 예로
로서 일본과의 활발한 교류를 통해서 백제는 일본에 백제문화를
전수하였다. 물론 이것은 정치적인 차원에서 백제가 고구려의 남
침정책으로 인해 위기에 몰리면서 시작된 일본과의 외교적인 전
략이 있기는 하지만 그것 보다는 백제인들의 진보적 사고를 보여
주는 면이 강하게 나타나고 있다.

　삼국 중에서 가장 보수주의적 사고를 가진 나라가 신라라고 할
수 있다. 신라가 당나라와의 나당 연합군을 통해서 삼국을 통일
하는 과정에서부터 사대사상이 강하게 작용을 하고 있다고 할
수 있다.

지금의 북한에 해당하는 고구려 역시 진보적인 사고를 가진 국가임에 틀림없다. 근 현대사를 이르는 조선시대의 역사를 보면 조선 초기부터 시작해서 이북 지역인 평안도와 함경도 인물은 등용하지 않았다. 그 원인은 평안도와 함경도 사람들의 진보적인 기질 때문에 정부에 대해서 도전할 혁명적 사고가 강하기 때문에 평안도와 함경도 지역의 인물들은 배제시키고 등용을 하지 않았다. 사실상 이괄의 난과 이징옥의 난을 비롯하여 홍경래 난 등 많은 군사적으로 정부를 전복하려는 진보적 사고를 바탕으로 하는 역사적 사건이 조선의 역사를 통해서 나타났다. 조선조 시대 중기에 들어서면서 호남인들에 대한 차별대우가 시작되었다. 그 원인은 정감록의 저자인 정여립 사건이 일어나 이후이다. 정여립은 조선중기의 거물급 학자이면서 정치인이었다. 그러나 그는 선조 왕으로부터 미움을 받고 정계에서 쫓겨나면서 고향인 전주로 내려와서 군사적 혁명을 일으킬 목적으로 계를 조직하여 군사들을 훈련하다가 발각되어서 처형되었다. 확실하지는 않지만 황해도 구월산에서 발견된 정감록 즉 정씨가 왕이 된다는 책의 저자가 정여립으로 추정하고 있다. 또한 전라도 고부군수 조병갑의 폭정에 반기를 들고 일어난 전봉준 역시 호남의 인물이었다. 조선조 중반기 이후는 호남인들에 대한 배제가 시작되면서 호남인들은 창과 그림 등 예술분야로 눈을 돌려서 예술분야에 두각을 드러내었다.

조선조 이후에 일제 강점기 역시 전북 순창 고창 등을 중심으로 하는 한국의 독립 운동가들이 많이 나타났으며 호남출신의 독립운동가가 다른 지역보다도 더 많았다. 일제치하에서 일어난 학생운동도 광주학생 운동을 비롯한 운동들의 대부분이 광주를 비롯한 호남지역에서 일어났다. 정치적인 차원에서 이승만 정권 이래로 진보가 정권을 잡은 기간은 장면 내각의 9개월과 김영삼 정권의 보수와 진보의 합작품의 정권은 진보라고 할 수가 없다. 따라서 진보라고 이름을 붙일만한 정권은 김대중 국민의 정부와 노무현 참여정부기간 10년을 들 수 있다. 그러나 김대중 국민의 정부가 탄생한 원인은 지역주의의 구도가 가장 크게 작용을 하였으며 노무현 참여정부가 탄생한 원인은 당시에는 5060세대에게는 생소한 인터넷이 2030의 독점물인 인터넷 덕분과 함께 지역주의를 활용한 덕분이라고 할 수 있다. 당시 여당이었던 민주당의 노무현 대통령 후보는 야당의 대권주자인 이회창 후보에게 여론조사에서 많이 뒤지고 있었다. 특히 그는 경력과 학력 면에서 정통 법조인 출신인 야당의 이 후보에게 게임이 되질 못했다. 그런데 노무현 후보가 승리하여 김대중 진보정권을 그대로 유지한 원인은 바로 여당후보 노무현의 출신지가 영남지역 출신이라는 이점을 가지고 있었다.

제3공화국 이래로 한국에서 큰 정치인이 되기 위해서는 영남과 호남 인사가 아니면 될 수가 없다. 특히 대통령 선거에서는 아무리 큰 인물이라도 자신의 출신지역이 약하면 대통령이 된다는 것은 거의 불가능하다고 할 수 있다. 비근한 예를 들면 3김 시대를 연 김영삼, 김대중, 김종필 3인의 예에서 알 수 있다. 김영삼, 김대중 대통령은 지역을 잘 타고 났다고 할 수 있다. 한국 정치의 양대 산맥인 영남과 호남의 지역을 가지고 있었기 때문이다. 그러나 김종필 후보는 지역이 충청도라는 약한 지역을 가지고 있었기 때문이다. 한국에서 정확한 통계는 아니지만 대개 인구를 분석하면 경상남북도인 영남이 38퍼센트에서 40퍼센트를 차지하고 있다. 다음이 전라남북도인 호남이 28퍼센트에서 30퍼센트로서 약 10퍼센트 이상 영남에게 호남의 인구가 적기는 하지만 영남 다음으로 많은 인구를 가지고 있다. 다음이 충청남북도인 충청권이 17퍼센트로서 3위이기 때문에 양당 중심의 대통령제 하에서는 생존이 불가능하다. 따라서 김종필 총재가 이끌던 자민련이 김대중 여당 정부에 공동여당 역할을 하였다. 다음이 경기도가 있기는 하지만 경기도는 서울을 비롯하여 수도권에 합류되어서 제대로 자신의 목소리를 내지 못하고 있다. 다음이 강원도와 제주도가 있기는 하지만 인구가 얼마 되지 못한다.

 진보정당 노무현 후보가 당시 보수정당의 강력한 후보인 이회창 후보를 이긴 결정적인 원인은 이회창 후보의 개인적인 아들의 병역문제가 있기는 했지만, 그보다도 이회창 후보의 출신지가 영남이나 호남이 아닌 충청이라는 점이 가장 큰 약점이라고 할 수

4장 장래 한국 정치가 극복해야 할 과제

있다. 만일 이회창 후보가 영남 출신이었더라면 진보정당의 후보인 노무현 후보가 승리를 거둘 수 있었을까. 이회창 후보의 개인적인 문제인 아들의 병역문제는 만일 이회창 후보가 영남 출신의 후보이었더라면 보수를 대변하는 영남지역의 표가 대결구도인 호남의 진보정당과의 대결에서 표가 분산되지는 않았을 것이다. 물론 선거 하루 전에 정몽준 후보의 지지 파기는 진보세력의 결집력을 강화시키기는 하였지만, 당시의 진보세력의 대부분이 2030세대의 인터넷 세대라는 점이 결집력 강화에 중요한 역할을 한 것도 선거 승리에 결정적인 역할을 하였다. 당시만 해도 인터넷의 보급에 5060세대는 익숙하지 못하였기 때문이다.

여기에다 한국은 월드컵 4강의 신화를 이루면서 붉은 악마 등이 월드컵 신화에 결정적인 역할을 하였다. 붉은 악마들 역시 자신들의 노력으로 인해서 월드컵 신화를 이루었다는 확신을 가지게 되었다.

붉은 악마를 중심으로 한 2030세대들의 세력은 정치 쪽으로 넘어가면서 당시 젊은 후보이면서 진보적 성향의 노무현 후보가 보수성향이면서 나이가 많은 이회창 후보보다 인기가 더 있었다. 선거란 후보자의 능력보다는 선거 당시의 주변 환경과 후보자 지지도와 상당한 상관관계를 가지고 있다. 특히 이회창 후보는 아들의 병역 비리에 해명이 제대로 되지 못하면서 젊은 층들의 표심이 노무현 후보에게로 돌아가게 되었다. 그 당시까지만 해도

2030세대들은 대부분 투표와 선거에 관심이 없었으나 약자이면서 진보적 성향의 노무현을 돕자는 노사모를 중심으로 한 선거운동에서 가장 큰 역할을 한 것은 바로 이들이 인터넷을 잘 활용하여 서로 간의 정보 교류가 가능하였기 때문이다. 인터넷을 통해서 노무현 후보를 돕자는 젊은 층인 넥타이 부대와 하이힐 부대는 보수주의이면서 노년층의 투표율을 능가하면서 노사모의 인터넷을 통한 활동은 바이러스처럼 확산되었다. 결국은 근소한 차이로 노무현 후보가 이회창 후보를 이기고 선거에서 당선이 되었다.

앞에서도 이미 언급한 것처럼 이회창 후보의 출신지가 만일에 영남이나 호남 출신이었다면 틀림없이 선거의 결과는 다르게 나타났을 것이다. 지역주의는 어느 시대나 어느 나라에서 나 존재하고 있다. 지역주의 감정이 없어 보이는 미국에서조차 지역감정이 존재하고 있다. 텍사스주 출신의 사람들은 텍사스 사람을 좋아하고 북쪽지방 사람들은 북쪽지역 사람들을 선호한다. 간접선거를 하는 미국의 경우는 선거인단을 뽑는 선거는 선거인단수를 인구에 비례해서 뽑는다. 따라서 후보자가 캘리포니아나 텍사스주같이 인구가 많은 주 출신인 경우에는 상당히 유리한 입장에 있다. 전직 캘리포니아 주지사 출신인 로널드 레이건 대통령이나 텍사스주 출신의 조지 부시 같은 경우에는 절대적으로 유리하다. 조지 부시는 당시 테네시주 출신의 알 고어에게 전체 득표수에서는 졌지만 선거인단 확보에서는 이겼다. 이것은 큰 주인 텍사스주

4장 장래 한국 정치가 극복해야 할 과제

의 사람들이 고향사람인 부시를 전적으로 밀었기 때문이다. 이렇게 다문화 다민족으로 형성된 미국에서조차 지역감정이 존재하고 있다는 것은 인간은 누구나 다 자신이 태어난 고향에 대한 향수를 가지고 있다. 같은 동양국가인 중국과 일본 역시 지역주의를 가지고 있다.

그러나 한국의 경우는 지역주의가 가장 심한 나라이며 이러한 지나친 지역감정은 선거 때만 되면 가장 심하게 표출되는 양상을 나타내고 있다. 지역감정은 한국의 국토를 동서로 이분화시키고 있다. 이러한 지역 이분화 현상이 나타나기 시작한 것은 이승만 정권이 끝나고 박정희 정권이 들어서면서 시작되었다. 박정권 이전에는 호남의 인사가 영남에 가서 당선이 되었다. 예를 들면 전남 영광 출신의 조재천 후보는 대구에서 국회의원에 출마하여 당선되었으며 현재 가장 보수주의를 대변하는 대구 경북지역에서 국회의원과 경상북도 도지사를 역임했다. 그러나 제3공화국이 들어서면서 과거의 선거의 기본 골격인 여촌야도에서 동서의 지역으로 완전히 갈라지게 되었다. 동서지역을 보면 경상남북도와 강원도를 중심으로 하는 여당의 보수지역과 전라남북도와 충청남도의 야당의 진보지역으로 갈라지게 되었다. 선거철만 되면 이러한 현상은 가장 심화되면서 아직까지도 지역주의가 가장 크게 작용을 하고 있다. 따라서 영남출신의 인사이면서 보수정당의 후보이면 아무리 거물급 인사라 할지라도 호남에서 출마를 하는 경우에는 당신의 보장이 확실하지가 않다. 특히 대통령 선거 등 큰 선거에서는 더욱더 동서 간의 지역이 확실하게 분류된다. 이 중에서도 그동안 지배지역이면서 보수를 대변하는 영남보다는 피해의식을 가지고 있는 호남지역에서 타당에 대한 투표율은 매우 인색하며 투표율 역시 피해지역의 투표율이 훨씬 더 높다.

앞에서도 언급한 것처럼 한국의 정치후진성은 이러한 지역감정을 타파하지 않고서는 정치발전은 불가능하며 많은 정치인들이 지역이기주의를 활용하는 경우도 있기는 하다. 이것은 지역주의를 이해하지 않고서 그냥 선거를 치르는 경우에는 성공적인 선거 전략이 될 수가 없기 때문이다. 따라서 한국의 지역주의가 사라지지 않는 한 보수와 진보의 대결에서 진보가 승리하기가 매우 힘이 든다. 비록 한국과 같이 국토가 좁은 지역은 수도권이 진보적 성향이 강하기는 하지만 수도권을 구성하고 있는 인구 역시 영남과 호남의 비율이 비슷한 비율로 구성되어져 있기 때문에 농촌 지역의 노인층보다는 젊은 층으로 구성되어져 있다는 점이 약간 유리하기는 하다.

그러면 왜 보수와 진보의 대결을 심화시키는 지역주의는 뿌리를 뽑기 힘이 드는가. 일반적으로 지역주의 하면 혈연과 학연과 지연의 3가지가 엉켜져서 강한 뿌리를 내리고 있다. 지역주의는 원래 작은 국가일수록 더욱더 심한 경향이 있다. 그 이유는 자신들이 가지고 있는 작은 영역에 다른 지역사람들이 침범할까 두려움 때문이며 한국이나 일본과 같이 좁은 지역의 사람들이 더욱 더 타 지역의 사람들을 배격하는 경향이 강하다. 일본의 경우는 일본사람들만 좋아한다. 현재 일본에는 두 개의 다른 민족이 살고 있다. 한 민족은 우리 대한민국의 한국 사람이며 다른 민족은 북쪽지방의 아이누이다. 한국 사람과 아이누에 대한 일본인들의 인종차별은 상당하다. 한국 역시 최근에 동남아 사람들이 3D 업종에 취업하기 위해서 한국에 거주하는 인구가 늘어나고 있다. 한국인들 역시 동남아를 비롯한 후진국 사람들에 대해서 상당한 인종차별을 하고 있다. 한국에서 지역주의가 뿌리를 뽑지 못하는 원인은 지역은 혈연과 학연과 지연의 3가지를 모두 포함하고 있기 때문이다. 한국은 지리적으로 산이 많은 지역이기 때문에 지리산 등 높은 산이 동서를 가로지르고 있기 때문에 지역문화가 매우 다르다. 옛날에는 교통이 불편하여 대부분 사람들이 그 동네에서 약간 떨어진 이웃 마을 사람들과 결혼을 하였다. 그 결과 같은 지역의 사람들이 혈연사회를 형성하였다.

다음으로 한국은 학연을 중시하지만 학연 역시 그 동네 사는 사람들이 그 동네의 학교에 대부분 다닌다. 그리고 우수한 학생들이 서울이나 타 지역으로 학교에 들어간다고 하더라도 단지 그 지역을 벗어나지 못하고 있다. 따라서 한국사회에서는 누구든지 자신의 지역의 문화권을 벗어나지 못하게 되는 것이다. 그 이유는 혈연과 학연과 지연이 모두가 얽혀져 있기 때문이다. 영남과 호남인들 간에도 피해의식이 강한 쪽은 호남지역이며 이들은 진보적 성향이 강하다. 3공화국 이래로 지역개발 문제를 비롯하여 각종 사기업의 취업 등에 호남인들을 배척하는 경향이 나타나기 시작하였다. 단지 그들은 공무원 시험에는 차별의 두지 않고 있었기 때문에 대부분의 호남인들은 공무원 시험을 치러서 공무원으로 임용되었다. 그러나 공무원이 되더라도 주도권을 쥐고 있는 공무원 집단은 보수집단인 영남 지역인들이 주류를 이루고 있기 때문에 공무원으로서 성공하기가 힘이 들었다.

그러면 한국에서 진보정당뿐만 아니라 진보를 대표하는 호남지역민들이 보수를 대표하는 영남인들과 강한 라이벌 관계를 형성하면서 소외를 당하여 왔는가. 이 문제에 대해서 선거를 비롯하여 항상 기득권층이 보수세력의 영남인들이 지역개발 문제에 있어서 호남을 배제시키면서 영남중심의 지역개발을 하여 왔다. 그 결과 호남과 영남의 경제적 격차가 커지면서 호남인들의 경제적 어려움으로 인해서 자신의 고향을 떠나서 다른 곳으로 이동을 하면서 그 지역 주민들로부터 텃세를 당하게 되었다. 그리고 상당수가 서울을 비롯한 수도권으로 이동을 하면서 사회 계층에서 하위 계층으로 전락하게 되다. 대부분 호남인들이 모여 사는 곳은 서울의 달동네이거나 수도권의 변두리 지역이며 선거 때만 되면 야성이 강한 지역에 해당된다. 이러한 과정에서 정권을 잡은 보수 세력들은 기업을 밀어주는 일도 학연, 혈연이 포함된 지연중

4장 장래 한국 정치가 극복해야 할 과제

심이었다. 한국사회의 정경유착으로 인해서 정치가 경제 위에 서면서 기업의 성장은 정치권과 밀착되어져 있었기 때문에 대기업으로 성공한 기업주들의 대부분이 보수주의의 영남출신들이었다. 따라서 영남중심의 대기업을 비롯한 기업들은 인사문제에 있어서 호남출신을 기피하고 자신과 지역연고가 있는 영남출신을 선호하는 경향이 매우 강했다. 이러한 과정에서 영남지역이 아닌 타 지역 사람들도 호남을 기피하는 경향이 나타나면서 호남인 소외현상이 나타나기 시작하였다.

그 결과 지역주의의 피해는 국가 전체의 피해를 가져왔으며 이러한 현상은 선거 때만 되면 가장 강하게 나타났다. 대학생을 중심으로 하는 반정부 시위 등 정부에 대해서 반대를 하는 대학생을 비롯한 인사들의 출신지를 보면 이들은 대부분이 호남지역 출신들이었다.

그 대표적인 케이스가 바로 5.18 광주항쟁을 들 수 있다. 광주항쟁은 단순히 표면에 나타난 민주화 운동이라고 할 수 있지만 그 이면에는 호남인들이 가지고 있는 지역이기주의에 대한 피해의식에 대한 표출이라고 할 수 있다. 이처럼 아직까지 계속해서 심화되고 있는 지역이기주의를 타파하지 않고는 한국의 진보주의는 보수주의를 이길 가능성은 희박하다. 앞으로 한국은 보수와 진보의 대결구도에서 가장 크게 작용을 하는 요소들 중의 하나가 지역대결 구도라고 할 수 있다. 앞에서 언급한 것처럼 영남과 호남 출신이 아니면 대통령을 비롯한 큰 선거에서 승리를 할 수 없는 원인은 인구분포도 면에서 영남이 38퍼센트 즉 약 40퍼센트에 가깝다. 반면에 호남은 28퍼센트 즉 30퍼센트에 가깝다. 또한 호남과 영남을 제외한 주요 인구 분포를 보면 충청권이 약 17퍼센트로 그 다음을 차지하고 있다. 충청권은 충북은 보수적 색채가 매우 강하며 충남은 중도적인 입장이라고 할 수 있다. 그러나 전반적으로 볼 때 충남과 충북은 보수적인 색채가 강한 지역성향을 가지고 있다.

다음으로 경기도와 서울을 들 수 있다. 경기도와 서울지역을 합쳐서 국민의 40퍼센트가 살고 있기 때문에 서울과 경기지역의 원래의 인구는 전국에서 모여든 사람들을 제외하면 순수한 서울과 경기도 인구는 얼마 되지 않는다고 할 수 있다. 다음에 강원도의 인구는 얼마 되지 않는다. 강원도는 강한 보수성향을 가지고 있다고 할 수 있다. 강원도 다음으로 제주도는 중도 진보적 성향을 가지고 있다고 할 수 있다. 그러나 제주도는 강원도와 마찬가지로 인구가 얼마 되지 않기 때문에 진보적 성향을 가지고 있다고 하기는 하지만 적은 인구로 인해서 선거를 비롯하여 영향력이 적다고 할 수 있다. 다음으로 이북 출신 즉 실향민들의 인구도 약 8백만 명으로 추산되고 있기 때문에 이들의 영향력도 무시할 수가 없다. 실향민인 이북출신의 인사들은 대부분 강한 보수성향을 가지고 있다. 이들은 북한과의 관계를 생각해서 대부분 강

4장 장래 한국 정치가 극복해야 할 과제

한 보수적 성향을 가지고 있다.

　마지막으로 최근에 실시된 선거법에서 미국을 비롯한 캐나다 등에 거주하는 재외동포들의 투표권 행사이다. 재외동포들은 약 5백만 명 정도이다. 이들의 투표권도 무시할 수가 없으며 앞으로 글로벌 시대의 지구촌화 현상으로 인해서 정보의 자유로운 이동과 최근의 인터넷을 비롯하여 스마트 폰 등의 발달로 인해서 국내인과 별로 차이점이 없이 선거를 비롯하여 국내문제에 직간접적으로 영향력을 행사하고 있다. 재외동포들이 가지고 있는 성향은 대부분 보수적인 성향을 가지고 있다고 할 수 있다. 비록 그들이 진보적인 성향이라고 할지라도 어느 정도 시간이 지나면 점차적으로 보수적인 성향으로 변하게 된다. 따라서 재외동포들의 투표권 행사를 비롯한 영향력의 행사는 보수주의 정당에게 유리하다고 하고 있다. 한국의 지역주의를 바탕으로 하는 보수와 진보의 대결구도는 갈수록 진보가 보수를 이기기는 힘이 들 전망이다.

남북한
냉전의 존속

　앞에서도 이미 언급한 것처럼 한국은 정치, 경제, 사회, 문화적인 차원에서 보수와 진보가 대립이 심각한 상황에 처해 있다. 특히 안보적인 차원에서 이미 전 세계적으로 냉전의 시대가 사라진 지 이미 20년이 넘었지만 동북아에서는 유일하게 냉전이 아직까지 종식되지 못하고 있다. 설상가상으로 한반도에서 북한이 전 세계의 만류와 억압 속에서 핵무기 개발을 지속시켜서 이제 세계에서 9번째의 핵보유국이 되었다고 주장하면서 남한을 비롯하여 한미동맹을 맺고 있으면서 세계 패권국인 미국까지 위협하고 있다. 이렇게 북한이 핵보유국이라고 남한을 위협하면서 핵을 만드는 과정에서 남한으로부터 받은 경제적 지원금을 거의 전부를 핵무기 만드는 데 사용하였다는 소위 보수주의적 성향의 인사들로부터 좌파라고 불리는 인사들은 공격받고 있다. 진보적 성향의 인사라는 인물들은 북한이 천안함의 공격을 감행한 사건은 남한의 이명박 정부가 북한에 대해서 보수 강경 노선을 추진해 나갔기 때문이라는 비난을 퍼부으면서 보수와 진보는 안보문제를 놓고 설전을 벌이고 있다. 보수진영에서는 미군으로부터 받아오는 비상시 군사작전권을 미국으로부터 당분간 유예하자는 의견이 분분한 가운데 노무현 정권에서 추진한 한미동맹에 대한 전략을 비난하기 시작하였다. 사실 한국은 천안함 사건 이후 북한에 대해서 군사적 도발이 절대적으로 일어나지 않는다는 사고를 가진 2030세대의 젊은 층까지도 북한의 전쟁 도발에 대한 두려움이 다시 살아나기 시작하였다.

동북아에서 북한이 핵개발 실험에 성공함으로 인해서 북한은

4장 장래 한국 정치가 극복해야 할 과제

남북한이 힘이 균형 상태를 가져 왔으며 남한에 대해서 공격을 하겠다는 의도를 보이는 이유는 여러 가지로 해석할 수 있다. 첫째 북한은 무엇보다도 경제적인 차원에서 국내적으로 위기를 맞고 있다. 남한과 북한의 경제력의 우위비교는 남한이 약 33배 정도의 격차를 가지고 있다. 또한 북한은 거의 모든 경제력을 중국에 의존해서 겨우 유지해 나가고 있기 때문에 중국과는 사상적으로 같은 공산주의를 바탕으로 하며 경제적으로는 중국에 전적으로 의존하기 때문에 중국이 북한에 대해서 가장 큰 영향력을 행사할 수 있다. 그러나 무엇보다도 동북아에서 중국은 미국의 세력과 일본의 세력이 동북아에서 주도권을 잡는 행위에 대해서는 용납을 하려고 하지 않는다. 따라서 중국은 한반도에서 남한과 북한이 평화적으로 공존하기를 기대하면서 북한이 핵무기를 만들어서 동북아를 위협하는 행위에 대해서 탐탁하게 생각하지를 않고 있다. 그러나 중국과 북한은 혈맹관계를 바탕으로 하고 있기 때문에 북한이 유엔으로부터 강력한 제재를 받는 행위에 대해서는 좋아하지 않고 있으며 반대의 입장을 보이고 있다. 동북아에서 전쟁이 발생하는 경우 중국 역시 북한에 대해서 투자한 경제적인 면에서 엄청난 손실을 보기 때문에 중국은 북한이 한반도에서 전쟁도발 행위에 대해서 적극적으로 막고 있기는 하다.

다시 보수와 진보의 대결구도를 본다면 미국 조지 부시 2세의 북한에 대한 강한 핵개발 억압 정책이 지속되었더라면 북한은 아직까지 핵보유 국가가 될 수가 없었을 것이다. 그러나 부시 2세의 퇴임 후에 새로운 정부인 오바마 정부는 북한의 핵개발 통제에 대해서 어느 정도 순화적인 정책을 추진해 나갔다고 할 수 있다. 특히 부시의 정책과는 달리 북한의 강력한 핵개발에 대한 억제력을 보였더라면 현재와 같이 동북아에서 위기감은 발생하지 않았을 것이다. 한국에서 진보가 보수를 이기지 못하는 원인은 남북한 냉전 상태가 그대로 남아있기 때문이다. 1988년 러시아의 몰락을 계기로 이차대전 이래로 나타난 냉전은 80년대 후반과 90년대 초의 공산권의 붕괴로 인해서 냉전시대는 끝이 났다. 그러나 유일하게 동북아에서의 남한과 북한이 분단된 상황에서 북한의 군사적 동맹관계를 유지하던 러시아의 몰락은 북한에게 힘의 균형이 깨어졌다는 생각을 가지게 되었다. 그 결과 북한은 핵을 보유하기 위해서 핵개발에 몰입하기 시작하였다. 북한의 핵개발 추진은 동북아에서 신 냉전을 유발하기 시작하였으며 북한과 화해와 평화를 유지하기 위해서 북한에게 경제적 지원을 한 진보주의 정당인 김대중 정부와 노무현 정부에 대해서 보수주의자들은 핵개발 성공을 두 진보정당에게 돌리면서 비난의 대상이 되었다.

북한의 핵개발을 가장 두려워하는 나라는 당사국인 남한이기는 하지만 이보다도 9·11 테러를 직접 경험한 미국이 더욱더 두려움을 가지고 있다. 북한은 스스로 핵개발에 성공한 국가라고 하면서 전 세계에서 9번째의 핵보유국이라고 자처하고 있다. 그러나 문제는 북한이 핵실험의 성공으로 인해서 북한의 핵개발 기술을 중동의 이란을 비롯한 테러리스트인 알카에다에게로 전수되는 경우에는 미국의 안보는 위기를 맞이하게 된다. 특히 현대의 핵 기술은 점차적으로 핵을 작게 농축하여 운반하기 쉽게 만들 수가 있게 되고 있다. 따라서 핵을 플라스틱 통에다 넣어서 미국의 핵 원자력 발전소를 비롯하여 몇 군데 동시 다발로 떨어뜨리는 경우에는 미국은 완전히 사라지게 되는 것이다. 이러한 북한의 핵개발에 대해서 미국은 강력하게 억제정책을 추진해 나가면서 특히 북한에 대한 경제고립조치를 병행하고 있다. 그 결과 북한의 경제는 갈수록 힘이 들게 되며 마지막으로 북한은 미국에 대해서 핵을 사용하면서 미국과 군사적 동맹을 맺고 있는 남한에 대해서도 핵무기를 사용할 가능성이 크다고 할 수 있다. 이처럼 북한과 미국과의 전쟁이 발생하는 경우 로마 이래로 지구상에서 가장 강한 강대국인 미국은 북한을 순식간에 없앨 수는 있다. 그러나 한반도에서 전쟁이 발생하는 경우에 남한이 입는 피해는 엄청난 것이다. 아마 북한은 지구상에서 없어지기는 하겠지만 남한에서는 엄청난 수의 사상자가 발생할 것으로 예상된다.

따라서 진보주의자들이 주장하는 북한에 대한 포용정책으로 북한을 국제사회에 끌어내어서 평화롭게 살자는 주장에 대해서 보수주의자들은 만일 북한에게 경제적인 지원을 다시 한다면 북한은 그 지원금을 가지고 핵개발과 무기를 만들어서 남한을 침략하여 남한이 북한에 의해서 흡수통일이 된다는 것이다. 그러기 때문에 남한은 미국과 강력한 동맹을 바탕으로 북한에 대해서 강력한 대치국면을 유지해나가야만 한다는 것이다. 동북아에서 서유럽의 독일과 같은 통일이 이루어지라고는 기대하기 어려우며 주변의 강대국이며 북한과 혈맹관계를 맺고 있는 중국 역시 한반도의 통일을 원하고 있지를 않으면서 단지 분단된 상황에서 평화를 유지해 나가기를 희망하고 있다. 이러한 상황에서 한반도 주변의 강대국인 러시아와 일본 역시 단순히 한반도의 평화만을 원하고 있는 실정이다. 따라서 북한은 선거 때만 되면 항상 전쟁에 대한 위협적인 발언이나 도발행위를 할 준비를 하고 있으며 도발은 전면전은 아니지만, 국지전적인 차원에서 실제 일으키거나 일으킨다는 위협적인 발언을 항상 하였다. 이러한 선거용 북한의 도발행위는 국민들의 여론과 인기를 바탕으로 하는 대통령 선거나 국회의원 선거에서 보수당이 진보정당보다 훨씬 유리하도록 여론이 몰리게 된다.

한반도를 중심으로 세계 4강의 국가들이 견제와 균형을 이루어 나가는 상황에서 미국이 북한을 공격하여 남한에 의한 무력통일을 중국과 러시아는 희망하고 있지를 않기 때문에 견제와 균형상태는 그대로 유지될 전망이다. 이러한 남북한이 냉전 상태를 그대로 유지하는 경우 남한 내에서의 보수와 진보의 대결구도에서 진보는 보수를 이길 가능성이 점차적으로 줄어들고 있다. 앞

4장 장래 한국 정치가 극복해야 할 과제

에서도 이미 언급한 것처럼 한국에서 6·25 한국동란을 경험한 세대들의 노인들은 점점 더 북한에 대한 배격사상을 강조하고 결집력을 가속화시켜 나가고 있으며 또한 이들의 사회적 활동 역시 매우 더욱더 늘어나고 있는 실정이다. 그러면 신 냉전의 시대는 언제 끝이 날 전망인가. 국제정치학적 시각에서 보면 북한의 핵개발로 인해서 북한이 남한에 대해서 전면적인 전쟁을 선포하여 전쟁을 일으키기 전까지는 남북이 분단된 상황에서 상당히 오랫동안 남북이 평화적인 듯이 보이지만 사실은 긴장의 연속이 계속될 전망이다. 천안함 사태와 같이 남북이 국지적인 전쟁상태인 경우에는 남북의 통일은 불가능한 상태이다. 만일 북한이 국제사회에서 현재 압박을 받고 있는 경제적인 고립상태에서 벗어나기 위해서 먼저 전쟁을 일으키는 경우에는 남한과 미국의 한미동맹에서 세계 최강국 미국의 힘을 빌려서 통일될 가능성이 크다. 그러나 현재로 보아서는 북한과 군사적 동맹을 맺고 있는 중국을 비롯하여 세계 강대국들이 남북한 통일을 원하고 있지 않기 때문에 남북이 통일이 될 가능성은 매우 희박하다. 특히 북한 역시 국제사회의 압박을 참아가면서 핵개발을 포기하지 않을 것이 분명하며 북한의 젊은 지도자 김정은은 젊은 혈기로 절대로 핵을 포기하지 않을 것이 분명하다.

이러한 관점에서 보면 북한과 친북한 관계인 한민족 공동체 의식을 중요시 여기는 사고를 바탕으로 하는 진보주의는 한미동맹을 바탕으로 하는 보수주의를 이길 가능성이 희박하다. 특히 김 정은 체제가 북한 내부의 분열로 인해서 붕괴되지 않는 한 김정 은 시대는 오래 계속될 전망이다. 이 경우 남한에서의 김정은의 돌발적이고 전쟁에 대한 위협을 가중시킬 것이 틀림없으며 이러 한 상태 하에서는 남북한의 대치국면이 장기화되면서 보수 세력 이 기득권을 유지할 전망이다.

고령화로 인한
보수주의 사회화 현상

얼마 전 한국의 언론보도에 따르면 한국의 지방선거의 유권자 들의 40퍼센트 이상이 50대 이상이라고 보도를 하였다. 이처럼 한국사회도 점차적으로 고령화 사회로 접어들고 있다는 것을 의 미한다. 현재 전 세계의 글로벌화 현상 중의 하나가 저출산 고령 화 사회의 시대이다. 고령화 사회란 국민들의 평균수명이 연장되 고 과거의 나이보다 훨씬 더 건강한 삶을 살아간다는 것을 의미 하며 노인층의 인구가 늘어나고 젊은 층의 인구 비율이 점차적 으로 줄어드는 기존의 피라미드형에서 정방형의 모양에서 더욱 더 역피라미드형의 인구분포도로 변화되고 있다. 앞으로 이런 추 세로 나가면 정년의 연장 및 건강상태의 양호로 인해서 과거에는

4장 장래 한국 정치가 극복해야 할 과제

뒷방에서 늙은이 대접을 받던 고령의 노인들이 이제는 과거 시대의 청년들과 같이 젊고 활동적인 삶을 살아갈 전망이다. 현재의 나이는 과거의 나이에 곱하기 0.8 정도로 보면 타당한 것이 인구학자나 의학자들의 견해이다. 또한 심지어는 자신의 실제 나이에 20을 빼는 나이가 활동할 나이로 보고 있다.

고령화 사회에서 나타나는 거장 큰 특징은 사회와 사람들의 보수화 현상이라고 할 수 있다. 앞에서도 이미 언급한 것처럼 사회와 인간 모두에게 고령화란 바로 보수화를 의미한다. 청교도 정신을 바탕으로 하는 미국 사회에서 초창기는 미국은 유럽과 비교하여 매우 진보적인 사고를 바탕으로 출발하였다. 미국의 양대 정당인 보수당과 민주당 중에서 진보정당인 민주당뿐만 아니라 보수정당인 공화당까지도 진보적인 색채가 매우 강하였다. 그러나 현재의 미국은 보수당인 공화당뿐만 아니라 진보정당인 민주당까지도 보수적인 색채가 매우 강한 사회로 변하고 있다. 미국인들 역시 과거의 유럽인들과 비교하여 미국이 자랑하는 프런티어는 바로 진보적인 색깔을 의미하였다. 이러한 프런티어는 바로 도전적이며 개척적인 진보적 정신을 의미하였다. 그러나 현재 미국인들은 세계 패권국의 자리를 유지하고 싶으며 초기의 도전적이고 모험적인 정신은 사라져 버렸고 아주 보수화되어 버렸다. 이처럼 인간과 사회가 나이를 먹으면 먹을수록 보수화되어져 버린다. 보수화되어져 버린다는 것은 도전적이고 모험적인 삶 보다는 안정적인 삶을 원한다는 것이다.

한국을 비롯한 전 세계의 저출산 고령화 사회에서 나타나는 보수화현상은 경제 선진국일수록 더욱더 보수화되어지는 경향이 강하다. 경제 선진국인 일본을 포함하여 한국과 유럽의 나라들과 남미와 아프리카의 신생국이며 경제 후진국가들과 국민들의 성향을 분석하면 경제선진국들의 정치적인 차원을 비롯하여 사회문화적인 관점에서 강한 보수화 성향을 나타내고 있다. 이러한 관점에서 보면 한국사회 역시 선진국형 사회 모델을 적용하면 앞으로 한국인들의 의식구조는 점점 더 보수화되는 경향이 강하게 나타날 전망이다. 그러면 15년 전 노무현 대통령과 이회창 후보 간의 대통령 선거에서 나타난 현상과 지난번 박근혜 후보와 문재인 후보 간의 경쟁에서 나타난 현상을 분석해 보면 이회창 후보와 노무현 후보 간의 차이나 박근혜 후보와 문재인 후보 간의 투표 차이는 아주 근소한 차이에 불과하였다. 특히 양자 대결에서 나타나는 투표의 차이는 나누기 2로 하여야만 한다. 그 이유는 가령 100표의 차이가 났다면 그것은 50표의 차이라고 보면 된다. 왜냐하면 만일 한쪽에서 50표가 다른 후보를 찍었다면 전체적인 표차는 2분의 1로 줄어들기 때문이다.

문제는 당시 노무현 후보를 당선되도록 만든 연령층이 누구냐가 중요하다. 노무현을 대통령으로 만든 사람들은 노사모를 비롯한 진보주의 색채가 강한 사람들이라고 규정지을 수 있다. 그러

4장 장래 한국 정치가 극복해야 할 과제

면 노사모들은 자신들이 가지고 있는 돼지 저금통을 깨서 선거비용으로 사용하고 자원봉사를 하고 그야말로 헌신적인 마음에서 우러나는 노력을 통해서 대통령으로 만들었다. 그런데 노사모를 비롯하여 강한 결집력과 결속력을 보인 이들은 진보적 사고를 가진 2030세대들이었다. 그들의 나이는 10년 후에 치러진 박근혜 후보와 문재인 후보와의 대결에서 그들의 연령은 3040세대로 올라갔다. 그런데 이번 선거에서 박근혜 후보를 지지한 후보들은 10년 전 지난번 선거에서 2030세대들이라면 이번 선거에서는 5060세대들이라고 할 수 있다. 10년 전의 2030세대가 10년 후에는 3040세대가 되었다. 그런데 이번 선거에서 5060세대가 선거의 당선을 결정짓도록 하였다.

여기에서 어떠한 사실을 예견할 수 있는가. 가장 두드러진 사실은 10년 전의 5060세대와 현재의 5060세대의 차이점을 발견할 수 있다. 10년 전의 5060세대들은 이미 은퇴한 후에 정치에 대해서 관심을 가지고 있기는 하지만 실제로 선거에 투표에 대해서는 소극적인 반응을 보였다.

그러나 현재의 5060세대들은 정치가 바로 자신들의 실리와 관련되며 정치로 인해서 국가보다는 자신과 자신의 가족과 직접적인 연관성을 가지고 있다는 사고를 가지고 있다. 이것은 5060세대들의 정치의식의 선진화와 정치의식이 상당히 높아지고 있다는 것을 의미하며 이것은 정치발전과 상당한 연관성을 가지고 있다. 정치발전이란 무엇인가. 앞에서 이미 수차례 설명했듯이 정치발전에 대해서 아직까지 대한 명확한 정의는 혼미한 상황에 있기는 하다. 그러나 일반적으로 정치발전이란 하나의 단독적인 행위가 아닌 복합적인 요소를 가지고 있다. 사무엘 헌팅톤은 정치발전을 제도화로 보기는 하지만 정치 발전을 단순히 제도화라기보다는 정치·경제·사회·문화·역사적인 차원에서의 복합화된 현상이라고 할 수 있다. 따라서 5060세대들의 적극적인 관심은 한국의 국민의식의 향상과 함께 정치발전의 가속화되는 현상이라고 할 수 있다. 다음으로 중요한 사실은 한국이 고령화 사회이자 보수화 사회로 접어들고 있다는 것을 의미한다. 한국의 정치선진화와 함께 고령화와 함께 보수화 사회에 접어들었다는 것을 의미한다.

앞에서도 언급한 것처럼 한 나라의 경제가 안정되면 될수록 보수화 현상이 나타나게 된다. 한국 역시 보수화 사회의 길로 접어들었다는 것을 의미한다. 보수화 사회에서는 국민들은 급진적인 변화를 싫어하는 성향이 매우 강하다. 따라서 기존의 틀에서 벗어나서 이상적이고 급진적이며 위험한 변화에 대해서는 거부를 하는 경향이 강하게 나타난다. 지난번 대선에서 정권의 교체 가능성이 매우 컸다. 그 이유는 바로 국민들이 기존의 정치인들을 싫어하고 정치에 별로 관여하지 않은 참신한 정치인을 원하고 있었다. 따라서 진보적 성향의 인물을 원하였다. 이러한 정치상황에서 지금까지 정치와 무관하지만 정치성이 강한 안철수 후보를

4장 장래 한국 정치가 극복해야 할 과제

국민들은 원하고 있었다. 그러나 문제는 국민들의 보수화 성향으로 인해서 안철수 후보가 정치적 경험이 없기 때문에 혹시 정치적 실패를 가져올지 모른다는 의심을 품기 시작하면서 안철수 후보의 지지율이 마지막에 가서는 떨어지기 시작하였다. 물론 그전에 서울시장 선거에서는 시민운동가가 당선되기는 하였지만, 진보적 성향이 강한 서울이라는 한정된 지역과 전국적인 대통령 선거와는 완전히 다르다고 할 수 있다.

지난번 두 차례 대통령 선거를 진보와 보수의 대결구도에 초점을 맞추어 보면 노무현 후보와 이회창 후보의 대결은 보수와 진보의 대결에서 진보가 결정적인 역할을 하여 진보가 승리를 한 선거이며 그 다음의 박근혜와 문재인의 선거에서는 보수가 선거의 승리에 결정적인 역할을 하여 보수의 승리라고 할 수 있다.

그러면 앞으로 한국의 정치는 어떠한 형태로 변화를 추구해 나갈 것인가. 이 문제에 대해서 다양한 변수들이 작용을 하고 있기는 하지만 선거란 국민들의 당시 순간의 인기에 의해서 결정되기 때문에 정확한 답변은 할 수가 없기는 하지만 한국의 경제적인 요소와 남북한 관계의 변수와 저출산 고령화 현상 등으로 인해서 진보정당이 설 자리가 점차적으로 좁혀져 들어갈 것으로 예상된다. 또한 경제적으로 선진국의 문턱에 들어선 한국은 경제대국으로 앞으로 자리를 잡으면 잡을수록 빈부의 격차는 클지는 모르지만 국민들의 기본적인 생활 수준의 차원에서는 빈부의 차이가 좁혀지기 때문에 대다수의 국민들이 모험을 싫어하고 안정된 생활을 원하게 될 것이다. 따라서 한국의 대통령 중심제 정치제도 하에서 양당정치 제도가 자리를 잡게 될 것은 틀림없다. 그리고 제3당은 존재할 가능성이 희박하다. 대통령 중심제하에서 여당 하나 야당 하나의 양당제도가 확립됨과 동시에 보수당인 여당과 진보당인 야당은 모두가 다 보수적인 정당으로 변하게 될 것이다. 이것은 현재 대통령의 모델인 미국식 정치형태로 변하게 될 것이다.

앞에서 이미 언급한 것처럼 미국 역시 진보정당인 민주당과 보수정당인 공화당 모두가 다 보수적 성향이 강한 정당으로 변하였다. 미국과 한국을 비교해 보면 미국의 대통령제 모델을 한국이 점차적으로 수용할 가능성이 있기는 하지만 한국은 남북분단이라는 냉전시대의 존속과 지역감정이 그대로 존재하는 외적인 환경요소로 인해서 미국과는 약간 다른 형의 대통령제로 변하게 될 것이다. 이러한 상황을 종합해 보면 한국의 정치제도는 진보가 보수를 이기기가 매우 힘든 정치 환경이 조성될 것으로 예상된다. 그러나 이러한 보수화 된 국민의식을 가진 한국의 내적인 환경요소와 외적으로는 남북한 대치국면의 냉전이 종식되는 상황에서는 국민들의 의식은 북한과의 전쟁을 피해가는 것을 희망하는 동시에 북한에 대해서 한민족 공동체 의식 역시 원하고 있다. 미국과의 관계에서 현재까지 1953년 이래로 노무현 정부를 제외하고는 대부분 적극적 순응정책을 추진해 나오면서 강대국 미

4장 장래 한국 정치가 극복해야 할 과제

국에 대해서 종속적인 관계의 약소국 안보 및 외교정책을 추구해 나오고 있다.

그러나 이것은 한국이 경제적으로 후진국 시절에 추구해 나온 안보동맹정책이기 때문에 현재는 한국 국민들은 미국에 대해서 존경이나 멸시를 하지 않고 아무런 의식이 없이 단지 대등한 한미동맹 관계를 원하고 있기 때문에 누구나 미국에 대해서 너무 의존하는 기존의 정책에서 어느 정도는 탈피하는 외교가 필요하다. 진보정당의 경우는 어느 정도 보수화 성격의 정당으로 변신을 추구해 나가야만 하며 과거의 노무현 정부처럼 아젠다형 순응정책에서 벗어나서 미국과는 동조관계를 유지하는 전략으로 바꾸어야 국민들이 진보정당을 믿고서 따르게 될 것이다. 남북한 관계에서도 무조건 북한의 눈치를 보면서 남북한 평화를 유지해 나가는 정책에서 벗어나서 북한에 대해서는 어느 정도는 강성을 가지고 대응해 나가는 전략이 국민들의 호응을 얻을 것이라고 기대된다.

대통령
5년 단임제의 폐단

한국의 대통령제는 미국식 대통령제를 모델로 1948년 정치제도를 만들었다. 그러나 한국식 대통령제는 미국과 다른 강한 대통령제로 변화되었다. 대부분의 신생국가들의 대통령제는 독재형 대통령제의 형태를 취하면서 대통령에게 너무 많은 힘을 부여하였다. 이승만 정권부터 시작되어서 9개월간의 장면 내각제를 제외하고는 현재까지 대통령제를 유지해 나오고 있기는 하지만 너무나 많은 문제점을 가지고 있다. 미국식 대통령제는 4년 중임으로 되어져 있어서 4년에 한 번씩 평가를 받고 있다. 그러나 한국은 5년 단임은 어떻게 보면 정책을 추진해 나가기에는 너무 짧은 감이 있다. 또한 초기부터 정책을 일사천리 격으로 밀어붙이지 않으면 정권 말기에는 나타나는 레임덕 현상으로 인해서 일을 하는 기간은 매우 짧다. 그러나 여기서 문제는 대통령제는 미국의 대통령 잭슨이 말한 것처럼 전리품은 승리자에게 라는 말이 바로 대통령제의 폐단이자 문제점이다. 한번 대통령에 당선이 되면 특별한 범법행위를 제외하고는 모든 권한을 대통령이 가지기 때문에 진보집단과 보수집단을 비롯한 이익집단들은 필사적으로 자신이 미는 후보를 대통령에 당선시키려고 한다. 따라서 후보의 능력에 상관없이 자신이 미는 후보가 당선이 되지 않는 경우에 5년간 자신은 이해관계에 개입을 할 수가 없게 되기 때문이다.

따라서 이러한 경우에 진보가 매우 불리하다. 대부분 사회의 기득권층은 보수적인 성향이 강하기 때문이다. 앞에서도 언급한 것처럼 보수는 이미 자신들이 사회적으로 이득을 획득하여 기득

4장 장래 한국 정치가 극복해야 할 과제

권을 가지고 있기 때문에 진보와의 싸움에서 매우 유리한 고지에 있다. 언론기관을 비롯하여 검찰 및 재계에서 영향력을 행사하는 집단은 대부분 보수를 바탕으로 하며 보수 단체 등 보수집단 및 관변단체들과 연계를 맺고 있다. 사설 연구기관을 비롯하여 영향력 있는 연구기관과 브레인 집단들은 정부를 비롯한 보수단체들과 연계되어져 있다. 사회기관과 시민단체 역시 관변의 주변을 맴도는 단체들이 더욱더 영향력을 행사하는 이유는 정부로부터 재정적인 지원을 받아서 활동을 더 많이 할 수 있기 때문이다. 따라서 한국과 같은 아직까지 정치와 경제가 완전히 분리되지 않고 정경유착의 뿌리가 확실하게 제거되지 않은 상황에서 진보단체는 보수단체에 비해서 활동하기가 매우 힘들다. 우선적으로 기대기업들이 정부와 완전한 유착상태는 벗어났다고 하더라도 정부의 눈치를 어느 정도는 보아야만 하는 것이 미국과 다른 한국 경제계의 실태이다. 따라서 기업이 재정적 지원을 주는 단체 역시 여당과 관련된 관변단체와 관련이 있어야만 한다.

대통령 5년 단임제의 폐단은 진보와 보수의 제로섬 게임을 초래하게 된다. 만일에 선거에서 지는 경우 5년 동안은 진 쪽은 아무것도 이득을 얻을 수 없는 상태에 빠지게 된다. 보수집단과 진보집단 간의 이전투구 즉 진흙탕 싸움은 결국은 자신들의 밥그릇 싸움으로 이어지게 되며 공무원을 비롯한 공공기관과 압력단체 등에서도 자신들이 운영하는데 보조금을 얻어내기 위해서는 대통령 선거에서 자신들과 코드가 같고 자신이 지지하는 당이 당선이 되어야 하기 때문이다. 언론기관을 비롯하여 국가에 영향력을 강하게 행사하는 기관은 보수적 성향이 강하다. 예를 들면 한국의 언론기관의 경우 보수주의를 대변하는 조중동 즉 조선일보와 중앙일보 및 동아일보의 3개의 신문이 영향력을 가장 강력하게 행사를 하고 있다. 이처럼 대부분 사회기관을 비롯하여 압력단체들은 보수주의적 성향이 강한 집단들이 진보적 성향의 사회단체들보다도 영향력과 조직이 강하다고 할 수 있다.

얼마 전 노무현 정권에서 가장 강하게 개혁드라이브를 걸 때 거기에 대해서 제동을 건 단체가 바로 조선일보라고 할 수 있다. 이것은 보수언론인 조선일보가 정부를 상대로 싸워도 승산이 있을 정도의 강한 영향력을 가지고 있다는 것을 의미한다. 그 이외에 국가가 마음대로 할 수 있는 검찰개혁에 있어서도 진보적 성향의 정권이 보수적 성향의 검찰개혁에 실패를 하였으며 오히려 개혁을 시도했던 대통령이 퇴임 후에는 역공격을 당하는 일이 발생하였다. 그 외에도 재벌의 경우에도 삼성을 비롯한 가장 영향력이 있는 재벌들 역시 보수화 되어져 있기 때문에 강한 보수적 성향을 가지고 있다. 따라서 확실한 통계적 수치로 계산을 할 수 없기는 하지만 한국사회에서 보수와 진보가 미치는 영향력의 비율은 보수 대 진보는 6대 4 정도로 볼 수 있다.

4장 장래 한국 정치가 극복해야 할 과제

보수집단과 진보집단의
강한 이분화 현상

한국사회에서 나타나는 현상은 보수와 진보의 강한 이분화 현상이다. 미국을 비롯한 선진국에서는 진보와 보수의 구별이 한국처럼 뚜렷하게 나타나지를 않고 있다. 그들은 필요에 의해서 진보와 보수가 연합을 하기도 하고 서로 상반된 견해를 가지기도 한다. 그러나 한국의 경우는 진보적 사고를 가진 사람이나 진보적 집단에 속한 사람들은 보수주의자들이나 보수집단의 사람들에 대해서 적으로 생각하고 상대하기를 꺼린다. 보수집단에 대해서는 보수 꼴통 또는 수구적 집단이라고 몰아붙이면서 구제 불능의 인간이기 때문에 대화가 불가능하다는 생각을 가지고 있다. 또한 작가나 사회단체에 종사하는 사람들이 자신이 글을 발표하고자 하는 경우에는 반드시 출판사나 단체가 진보적 성향이나 보수성향이냐 부터 알아보고서 자신의 성향에 맞는 출판사를 찾아야만 한다. 또한 출판사 역시 자신의 글을 발표하는 사람이 자신과 같은 진보냐 보수냐부터 알아보고서 글을 출판시킨다. 만일 그 작가가 자신과 다른 성향을 가진 작가라면 그 글이 아무리 좋은 글이라고 할지라도 출판을 해 주지 않는다.

한국에서 진보와 보수의 대결은 정치적인 차원에서 보면 과거의 당파싸움에 해당할 정도로 심각하다. 과거의 조선조가 망한 원인은 지배계급 간의 파벌싸움이 가장 큰 원인 중의 하나이다. 예를 들면 임진왜란의 경우에도 당파싸움 때문에 서로 상반된 의견을 보였기 때문에 일본의 침략에 대해서 정보가 헷갈려서 결국 전쟁에 대한 대비를 하지 않았다. 독립운동 당시에도 같은 독립군 간에도 자신과 다른 파벌을 일본군에게 고발하는 사태가 너무 잦게 발생하여 독립군들의 활동의 정보가 쉽게 일본군들에게 흘러들어갔다. 해방 이후에도 진보와 보수의 대립이 지금까지 계속되고 있다. 진보가 보수에 대해서 생각을 바꾸기 불가능하다는 생각을 가지고 있는 것처럼 보수는 진보를 종북자로 추정하여 접하기를 꺼리며 심지어는 빨갱이로 몰아붙이는 경향이 매우 강하다. 이러한 상황에서는 사회적 기반이 강한 보수의 영향력이 기반이 약한 진보보다는 설득력이 크게 작용하기 때문에 진보와 보수의 대결에서 비록 진보의 말이 맞는다는 것을 알면서도 진보보다는 보수의 의견을 듣고서 밀어주려고 하는 경향이 매우 강하다. 예를 들면 맥아더 동상 철거문제와 미군병사 효선 미선에 대한 교통사고와 미군기지 평택이전 문제 등에 대해서 진보주의자들은 무조건 이유 없이 반대의 의사를 나타내면서 거부반응을 보인다.

　미국에 대해서 보수주의자들이 대부분 친미적 성향이 있다는 것을 알고서 반미주의적 성향이 강한 진보주의자들은 이유 불문하고 보수주의자들의 사고에 대해서는 반대의 의사를 나타낸다.

반면에 북한 문제에 대해서 보수주의자들은 진보주의자들이 평화통일을 위해서 가지고 있는 의견은 아예 들을 생각도 없이 반대의사를 보이면서 친북 및 종북으로 몰아붙인다. 이러한 남북분단이라는 신 냉전의 종식이라는 국제관계의 변화가 나타나기 전에는 보수와 진보의 이분화 현상은 사리지지 않을 전망이다. 특히 북한의 체제는 정치적으로는 공산주의 체제를 유지하면서 경제적으로는 중국의 모델인 자유시장 경제체제를 유지해 나갈 전망이다. 가장 큰 문제는 북한은 김정은 체제 유지를 위해서 군사적인 차원에서 핵무기 개발에 주력을 두면서 국제사회에서 고립을 면치 못할 전망이다. 북한이 핵을 고집하면 할수록 남한에 대해서는 평화와 침략이라는 두 전략을 추진해 나갈 것이다. 이러한 경우 남한에서는 보수와 진보의 대립은 더욱더 강하게 나타나면서 국민들은 통일 문제에 대해서 더욱더 보수적 사고를 가지게 될 전망이다.

—————— 2 ——————

한국정치 발전을 방해하는 적들:
극우와 극좌의 이념 전쟁

　한국은 현재 경제적으로 세계 10위의 경제 브랜드를 창출하는 경제대국의 문턱에 들어섰다. 일본으로부터 해방된 신생국으로 출발하여 불과 반세기 만에 이 정도의 경제대국으로 올라섰다는 것 자체가 높이 평가할 만하다. 이러한 급속한 경제발전의 이면에는 정치적으로 아직까지 후진국의 수준을 면하지 못하고 있다. 한국은 경제발전에 맞추어서 당연히 정치발전을 하여야만 한다. 그러나 한국의 정치수준은 후진국 신생국의 수준에 머무르고 있다. 이것은 바로 한국의 열린사회가 가지고 있는 적들 때문이다. 경제 선진국이면서 정치후진국의 수준을 벗어나지 못하는 원인은 여러 가지의 직간접적인 요소들이 작용을 하고 있기 때문이다. 그중에서도 기득권 전쟁이 가장 중요한 요소이다.

　기득권 전쟁이란 선거에서 승리를 하면 모든 이권에 개입하는 혜택을 얻을 수 있기 때문이다. 중앙 선거인 대통령 선거와 국회 의원 선거를 비롯하여 지방 선거인 광역 단체장과 지방 자치 단체장과 지방의원 등의 선거전에서 나타나는 기득권 전쟁은 결국 진보와 보수의 대결을 구실로 하여 좌파와 우파로 분리하여 색깔 논쟁의 패싸움으로 갈라지게 된다. 한국의 이러한 패싸움 논쟁은 앞에서도 언급한 조선 시대의 당파싸움이 시조라고 할 수 있다. 임진왜란에서 처음에 막지 못한 원인도 바로 일본의 동향에 대해서 서로 다른 파들끼리의 파벌 싸움 때문이다. 이후에 한국의 파벌 싸움에서 진보와 보수의 대립을 넘어서 좌파와 우파의 대립이 시작된 것은 바로 해방이 되면서 시작되었다. 해방 직후 신탁통치 반대에서 시작된 좌파와 우파의 대립은 극한 상황까지 치달아서 결국 김구를 비롯한 민족주의자들이 암살을 당하는 상황에 이르렀다.

남북이 대립된 상황에서 발생한 이념 대립은 결국 북한을 옹호하는 파들은 대부분 진보적 성향을 가진 사람들이며 이들을 좌파라고 불렀다. 반대로 남한을 옹호하는 파들은 대부분 보수적 성향을 가진 사람들이 모였으며 이들은 대부분 우파라고 불렀다. 그러나 6·25 한국전쟁을 계기로 남한에서 북한으로 올라간 사람들의 가족들을 비롯하여 친인척들까지도 좌파사상을 가진 요주의 인물들로 분리하는 정부의 정책으로 인해서 진보적 성향을 가진 사람들은 무조건 좌파의 빨갱이로 몰아붙이면서 정치적으로 진보적 성향의 인물들과 진보적 성향의 정당은 존속하기 불가능하였다. 한국 최초의 진보적 정당이라고 불리우는 죽산 조봉암이 만든 진보당은 결국 좌파의 빨갱이 정당으로 몰려서 당수이면서 대통령 후보이었던 조봉암이 사형을 당하였다.

이승만 정부 이후 들어선 박정희 정부 역시 북한과의 강력한 대치 관계에 놓여 있었기 때문에 정부에서는 북한을 옹호하는 발언이나 행위에 대해서 강력하게 저지하여 많은 인물들이 사형을 당하거나 옥고를 치러야만 하였다. 또한 지금은 누구에게나 읽을 수 있는 마르크스 서적을 비롯한 공산당에 대해서 연구하는 것에 대해서 금지하도록 하였다. 이러한 북한에 대한 금기시 사항은 결국 좌파와 우파로 불리우는 형태로 발전하였다. 북한에 대해서 절대적으로 나쁘며 북한을 강력하게 응징하는 사고를 가진 사람들을 보수주의자라고 분류해 버리고 있다. 특히 북한을 가장 나쁜 주의 사회라고 생각하는 사람은 극우파라고 생각하고 있다. 반대로 북한에 대해서 비판적인 인물이면서 남북한 관계를 평화적으로 해결하면서 약간의 북한에 대해서 부정적인 호감을 가진 인물들은 보수주의자라고 한다. 그중에서도 북한에 대해서 적극적 옹호적이며 호의적인 사고를 가진 사람들은 좌파 진보로 분류해 버린다.

앞에서도 언급한 것처럼 보수와 진보에서 보수는 기득권을 지키려는 사고이며 진보는 한 단계 더욱더 발전적인 사고를 가진 것

4장 장래 한국 정치가 극복해야 할 과제

을 진보라고 말한다. 그리고 보수적 사고는 이미 검증을 받은 것을 토대로 하여 행동하기 때문에 안정적이고 덜 위험 적이다. 그러나 진보는 아직까지 아무도 가보지 않은 길과 같이 검증을 받지 않은 상태에 있기 때문에 위험성이 있기는 하다. 그러나 역사적으로 볼 때 아직까지 검증되지 않은 길을 감으로 인해서 새로운 발견이 시작되고 인류의 발전을 초래하였다. 그러한 과정에서 많은 희생이 따르기는 하였다. 따라서 보수와 진보 모두가 필요하기는 하기는 하지만 현재 후진국형 정치인 한국의 정치발전을 위해서는 진보적 사고를 가져야만 한다. 우리사회에서 말하는 보수와 진보는 남북관계에다 거의 모든 비중을 두고 있다. 가령 노무현 대통령을 비롯하여 남북관계에서 북한에 대해서 옹호적인 사고를 가지고서 있는 경우에 대부분의 사람들은 그들은 종 북파로서 빨갱이로 몰아붙임과 동시에 그들을 극좌파로 단정을 내린다.

현재 우리사회를 망치는 가장 큰 적은 오로지 남북관계를 가장 중요시 여기는 사고를 바탕으로 우파와 좌파로 나눔과 동시에 좌파는 무조건 진보적 성향으로 보고 우파는 보수적 성향으로 몰아붙이는 것이 바로 현재 한국사회를 망치는 가장 큰 적이라고 할 수 있다.

여기에 한국사회는 불행하게도 대통령 중심제 사회를 바탕으로 한 정치권력을 형성하고 있다. 대통령 중심제 국가에서 가장 큰 폐단은 바로 승자가 모든 것을 독식한다는 것이다. 이것은 미국사회에서도 대통령 중심제의 폐단을 이야기하고 있다. 5년 단임기간 동안 대통령제 하에서는 정권교체가 불가능하다. 반면에 내각제 하에서는 언제든지 내각이 잘못되는 경우에는 새로운 정권으로 정권교체가 가능하게 된다. 그러나 대통령 중심제 정치체제에서는 한번 대통령에 당선되면 5년 동안 자신이 아주 잘못하여 탄핵을 받는 경우를 제외하고는 정권교체가 불가능하다. 따라서 대통령의 권한은 막강하며 정치후진국인 한국과 같은 나라에서는 더욱더 강한 힘을 가지고 있다.

따라서 이권이 가장 큰 대통령 선거를 비롯하여 서울시장 선거 등 큰 선거에는 반드시 우파와 좌파로 나누어서 우파는 보수를 자처하고 좌파는 진보를 자처하는 2개로 파로 갈라져서 서로 고소와 고발을 하면서 선거에서 승리를 하려고 한다. 보수파로 분리되는 사람들의 대부분이 주장하는 것은 남북관계에 대해서 북한을 무력으로 응징하여야만 하며 북한에 대한 강한 반감을 가진 집단이 대표적인 보수우익 집단이라고 할 수 있다. 반대로 북한에 대해서 호의적이며 북한을 대화를 통해서 남북이 평화적인 통일을 주장하는 집단을 진보적 집단이며 이들을 종북좌파로 분리를 한다. 크게 이들 두 집단이 가지고 있는 근본적인 목적은 어디에 있는가. 이들이 나타내는 목적은 선거에 지는 경우에 나라가 혼란 속으로 빠진다는 것을 국민들을 통해서 강조하고 있다. 이들은 만일 극우파가 정권을 잡는 경우에는 틀림없이 북한을 막 몰아붙여서 북한이 극한상황에서 전쟁이라는 극단적인 행동으로 인해서 나라가 엄청난 피해가 속출하게 된다는 기치를 내세우고 있다. 반면에 우파들의 주장은 만일 좌파가 정권을 잡는 경우에는 북한에 끌려다니면서 북한에게 유리한 방향으로 해 주어서 결국은 남한이 북한의 작전에 넘어가게 되어서 나라는 북한이 통일하는 나라가 된다는 기치를 내세우고 있다.

사실상 보수적 사고를 가진 우파나 진보적 사고를 가진 좌파들의 애국적인 사고의 이면에는 어떠한 사고를 바탕으로 하고 있는가.

진보적 사고인 좌파나 보수적 사고인 우파는 모두가 다 정권 쟁탈에 근본 목적을 두고서 한쪽을 몰아붙이고 있는 것이다. 수많은 보수와 진보의 집단들이 서로서로 비난을 하고 쫓고 쫓기는 행동을 선거기간 동안에 하는 원인의 근본 목적은 정권 쟁탈의 투쟁인 것이다. 만일 선거에서 이기는 경우 특히 대통령 선거와 같이 큰 전쟁에서 이기는 경우 그들에게 돌아오는 것은 바로 큰 이득인 것이다. 만일 그들에게 선거에서 이긴다고 하더라도 아무런 이해관계가 없다면 그 정도로 우파와 좌파로 나누어서 싸움을 할 것인가. 이 문제에 대해서 우리는 우파와 좌파의 대결이 우리사회를 망치는 가장 큰 적이라는 점에 대한 이해력을 증진시키기 위해서 현재 우리사회의 가장 큰 암적 존재이며 우리사회를 망치는 적들 중에서 가장 심각한 것은 바로 지역이기주의라고 할 수 있다.

지역이기주의를 타파하고 우파와 좌파를 없애기 위해서는 현재의 대통령 중심제에서 내각제로의 전환이 가장 필요적인 요소이다. 지역할거주의 또는 지역이기주의라고 불리는 지역이기주의를 없애기 위해서는 내각제 정치권력 방법을 택하여야만 한다. 만일 그렇게 하지 않고 대통령 중심제를 그대로 유지하는 경우 보수와 진보의 대립은 극한 상황으로까지 지속적으로 치닫게 될 것이다. 지역이기주의의 발본은 박정희 정권인 제3공화국에서부터 시작되었다. 영남과 강원 지역과 호남과 충청권 즉 동과 서로 갈라지면서 한국의 지역주의는 시작되었다. 처음에는 어느 쪽이 진보인지 보수인지가 구별되지 않았으나 정권을 잡은 지역이 영남지역이기 때문에 영남인들이 호남인들보다 좀 더 많은 혜택을 보면서 자연히 영남지역을 중심으로 하는 당이 보수당이 되고 혜택을 덜 받은 지역인 호남 지역이 진보적 성향의 정당으로 변화하게 되면서 한국사회는 지역감정의 대립이 극한 상황으로 몰리게 되었다. 특히 집권당은 인사권을 비롯하여 지역개발 문제에 있어서 영남 우선 중심으로 하는 바람에 선거 때만 되면 영남과 호남의 대결이 치열하게 되었다. 따라서 자연적으로 집권당이 되든지 아니면 비집권당이 되든지 한국에서는 무조건 영남지역 중심의 당은 보수당으로서 호남지역 중심의 당은 진보정당으로 뿌리를 내리게 되었다. 이러한 한국의 지역주의 병폐는 작게는 지역주민들이 뽑는 지방의원부터 국회의원과 대통령 선거에서는 반드시 지역주의를 바탕으로 한 선거가 기본정책 구도가 되고 말았다.

4장 장래 한국 정치가 극복해야 할 과제

장래 한국 정치발전을 위한 접근법:
루스벨트식 이상주의적 접근방법 Vs.
레이건식 현실주의적 접근방법

진보적 접근법으로 가장 성공한 인물은 미국의 프랭클린 루스
벨트와 보수적 접근법으로 성공한 인물은 로널드 레이건을 들 수
있다. 프랭클린 루스벨트는 진보주의적 사고를 가진 영국의 경제
학자인 존 케이즈의 공급사이드의 법칙을 이용하여 경제공항을
타개하였다. 로널드 레이건은 보수주의 경제정책인 미국중심의
신공리주의 정책을 적용하여 8년 만에 강적인 러시아를 굴복시키
고 당시 추락한 미국을 세계 최강국으로 올려놓는데 성공시켰다.

보수와 진보의 구별은 역사적 관점에서 접근하는 방식에 따라
서 다양하다. 일반적인 관점에서 보수는 현실을 중요시하는 접근
방법을 선택하고 있다. 역사적으로 볼 때 보수주의자들은 현실에
대해서는 보다 구체적으로 파고들어서 보다 합리적인 방법으로

역사에 대해서 접근하고 있다. 따라서 마구잡이식 변화를 요구하는 진보에 대해서 강한 브레이크를 거는 제동장치의 역할을 한다. 보수적인 접근법은 현실주의적 접근법이라고 할 수 있다. 앞에서도 언급한 그리스의 아리스토텔레스를 생각해 볼 수가 있다. 아리스토텔레스는 비록 당시에 사회에 대해서 개혁을 주장한 진보주의자임에 틀림없다. 그러나 그의 접근법은 현실주의적인 접근법을 사용하고 있다. 예를 들면 오렌지 하나를 보더라도 오렌지의 빛깔 만 보는 것이 아니라 오렌지의 속을 들여다보고서 그 오렌지가 싱싱한 오렌지인지 아닌지를 구별해 내는 접근법을 사용하고 있다.

보수주의자의 대표로 불리는 에드먼드 버크를 생각해 보자. 그는 전적으로 프랑스 혁명에 대해서 반대를 했다. 그의 사상은 철저하게 현실주의에 의한 점진적인 변화를 요구하고 나섰다. 《프랑스 혁명에 관한 고찰》에서 그는 급격한 개혁은 유럽사회 전체의 붕괴를 가져오며 유럽의 역사를 광란 속으로 몰아넣는다고 주장하고 있다. 일반적으로 보수는 현실에 적합한 부분부터 서서히 개혁해 나가는 방법을 말한다. 반면에 진보는 이상주의적인 접근법을 사용하고 있다. 진보주의자의 예로서 그리스의 플라톤을 생각해 볼 수가 있다. 플라톤의 접근법은 이상적 접근법을 사용하고 있다. 오렌지가 싱싱한 오렌지인지 아닌지를 구별하는 과정에서 플라톤은 오렌지의 빛깔만 보면 알 수 있다는 것이다. 따라서

4장 장래 한국 정치가 극복해야 할 과제

싱싱하고 맛있는 오렌지는 오렌지의 겉모양인 빛깔로 분석이 가능하다는 것이다. 플라톤과 같은 진보주의적 방식은 많은 실수와 오류를 범할 소지가 있는 것이다. 플라톤은 통치자를 철인왕의 통치를 주장하고 있다. 그의 주장은 인격만 갖추고 있는 철인은 현실 정치를 이끌 수 있다고 생각하고 있다. 이러한 그의 이상주의적 접근법은 현실과의 괴리를 초래하였다. 그의 여성관도 현실과 괴리가 있는 여성관을 바라보았기 때문에 그는 현실과 괴리가 있는 플라토닉 러브에 빠져 버린 사람이 되었다. 이상과 현실은 괴리가 있기 마련이다. 보수주의자들의 일반적인 접근법인 현실적 접근법은 너무 현실에 급급한 나머지 발전적이지 못하다. 또한 발전에 필요한 모험을 꺼리는 접근방법인 것이다.

우리가 경제학이나 정치학의 학문과 관련시켜서 생각해 볼 수가 있다. 경제학자나 정치학자는 사회의 정치현상이나 경제현상을 이론을 만들어서 이론에 적용해서 현실 문제를 해결해 나가려고 한다. 이론은 현실문제뿐만 아니라 앞으로 현실 문제를 이상적으로 끌어 올려놓고서 좋은 방향으로 가도록 노력하고 있다. 따라서 경제학자나 정치학자의 이론은 이상주의적 접근방법인 것이다. 그런데 현실로 실무를 담당하는 정치인이나 경제인들은 현실의 문제를 직접 다루기 때문에 현안 문제를 보다 합리적인 차원에서 일을 처리한다. 또한 모든 정치나 경제현안 문제를 보다 구체적으로 파악해 낸다. 그들은 너무 현실의 이해 문제와 연관시켜 나가기 때문에 큰 모험이나 실수는 하지 않는다. 그러나 역사적이고 거시적인 차원에서는 실무자들은 크고 중요한 문제를 해결하지 못하는 봉착상태에 빠진다. 예를 들면 1930년대 초에 전 세계가 경제공항상태에 빠지자 실무경제인들 사이에서 해결책을 찾았으나 그 해결책을 찾아내지 못했다. 그러나 경제공항 타개책을 찾아낸 사람은 현실 실무경제인 출신이 아닌 진보주의 이론가인 영국의 경제학자 케인즈가 그 문제를 해결하게 되었다. 케인즈의 이상주의적인 접근법은 실무자들은 도저히 생각해 낼 수 없는 이론이었다. 케인즈의 이론은 거시적인 차원에서의 큰 그림을 그림으로서 전 세계가 겪고 있었던 경제공항을 해결해 냈다.

정치도 마찬가지이다. 실무 정치가들은 실무적이고 현실적인 차원에서 정치에 접근해 나가기 때문에 큰 그림을 그리지 못한다. 그 큰 그림은 바로 이상적인 차원의 정치발전인 것이다. 정치발전을 위해서는 현실적인 접근법도 중요하지만 모험이 수반된 이상적인 접근법이 필요하다. 따라서 거시적인 차원에서 정치발전은 이론적인 접근법을 병행하여야 한다. 혁명은 인류의 발전을 위해서 진보주의자들이 선택한 파괴적인 선택인 것이다. 인류의 발전을 위해서는 어느 정도의 파괴는 필수적인 요건이다. 여성 정치사상가이자 철학자인 하나 아렌트는 그녀의 대표적 저서 《전체주의》에서 혁명가는 이상주의자이며 파괴는 창조를 위한 파괴라고 주장하고 있다.

《혁명의 해부》라는 저서로 우리에게 알려진 크레인 브린튼은 혁명은 인류가 이상과 목적을 위해서 초창기 단계로서 필요한 파괴인 것이라고 말하고 있다. 또한 경제학자인 슘페터는 새로운 기술개혁과 발전을 위해서는 파괴가 필요하며 이것을 창조적인 파괴라고 한다.

사실상 인류의 역사는 더욱 진보적인 발전을 위해서는 어느 정도의 모험과 어느 정도의 파괴는 필요하다. 파괴에 의해서 우리인간은 한 단계씩 발전을 하였다. 서양의 경우도 세계 삼대 혁명을 통해서 인간은 인류의 민주주의를 발전시켜 나갔다. 따라서 인류의 발전을 위해서는 합리적이고 현실적인 접근법인 보수와 이상주의 접근법인 진보가 모두 필요하다. 사회의 발전을 위해서 진보는 이상적으로 큰 그림을 그린다. 그리고 진보에 대해서 보수는 보다 구체적이고 합리적이며 현실적인 차원에서 진보에 대한 강력한 제동장치인 브레이크를 걸 때 보수와 진보는 인류의 역사의 발전을 가져오게 되는 것이다. 인류의 역사는 마르크스가 주장한 것과 같이 필요에 의한 인간의 작용과 반작용의 노동의 연속이라고 규정하고 있다. 마르크스와 헤겔의 변증법과 연관시켜서 우리는 과거와 현재와 미래의 역사를 규명해 볼 수가 있는 것이다. 인간은 필요에 의한 작용과 반작용의 연속의 과정 속에서 인간은 내면에 존재해 있는 인간 본연의 욕망을 달성하기 위해서 힘에 의한 투쟁을 계속해 나왔다.

인간의 역사를 필요한 목적을 달성하기 위해서 힘에 의한 투쟁을 작용과 반작용과 연관시켜서 생각할 수가 있다. 인간이 자기가 필요로 한 것을 달성하기 위해서 노력을 한 후 목적을 달성한 후에는 그것을 놓치지 않고서 계속해서 현상을 유지해 나가려고 한다. 목적을 달성해서 현상을 유지해 나가려는 계층을 일반적으로 기득권층이라고 부른다. 기득권층은 작용에 의해서 한정된 것을 소유함으로써 일단 목적을 달성하였기 때문에 반드시 그것을 필요로 하는 다른 계층으로부터 반작용을 받게 된다. 반작용을 가하는 계층을 진보라고 한다. 진보는 인간의 내면에 깔려 있는 기득권층이 소유하고 있는 것을 다시 찾으려는 욕망이 잠재해 있는 것이다. 그러나 표면에 나타나는 것은 내면에 잠재해있는 욕망보다는 사회적 개혁과 혁명 등을 통해서 사회의 급진적인 변화를 요구하고 나서는 것이다. 과거 프랑스 혁명이나 레닌혁명 등 인류 역사의 많은 혁명을 통해서 보수와 진보의 대결구도는 이러한 맥락에서 계속되고 있는 것이다. 미시적인 차원에서는 작은 개인들로 구성된 집단에서부터 거시적인 차원에서는 국제간에서 발생하는 세계전쟁에 이르기까지 우리는 이러한 보수와 진보의 대결구도로 규정할 수가 있는 것이다.

국제관계에서도 독일의 두 차례에 걸친 이차세계 대전은 기존의 보수적인 국제사회를 유지하겠다는 구라파 보수국가와 그 기득권을 뺏어 보겠다는 새로운 진보층과의 힘의 균형이 깨어진 결과 일어난 세계대전인 것이다. 국내적인 차원에서 보면 프랑스 혁명 등 많은 혁명도 통치권이라는 기득권을 쥐고서 그 통치권을 계속해서 유지해 나가겠다는 기득권층과 그 통치권을 다시 양도받아서 다른 층에 넘기겠다는 피기득권층 간의 갈등에서 일어난 현상인 것이다.

권력구조적인 관점에서 보다도 사회발전적인 차원에서 보면 사회를 점진적인 차원에서 서서히 변화를 추구해 나가자는 사상이 바로 보수적인 사상인 것이다. 반면에 좀 더 급진적인 차원에서 변화를 추구해 나가자는 사상이 진보적인 사상인 것이다. 서양의 역사를 그리스 초기의 역사로부터 현재까지를 단계적으로 분석해 보면 우리는 몇 단계를 거치면서 진화되어 왔다고 할 수 있다. 그리스 초기의 자연주의 사상시대부터 도시문화국가를 거쳐서 천년 간 계속된 신 중심사회의 문화를 거치면서 인간의 역사는 많은 광란의 역사를 거치게 되었다. 계속된 사회를 변화시키는 과정에서 주도적인 역할을 한 사람들이 바로 진보적인 사상가들이다.

진보주의자들은 사회전면에 나서거나 뒷면에서 사회의 변화를 요구하고 나섰다. 사회의 변화를 요구하는 초기의 진보적 사상가들은 누구든지 사회에 대해서 배척을 당했다. 진보적 사상은 이상적인 접근법을 사용하기 때문에 현실적이고 합리적인 대다수의 당시 사회로부터 소외를 당하게 된다. 따라서 그 당대에는 진보

노무현 정치사상

의 전도사들은 환영을 못 받았지만 후세의 사회에서 그들의 사상은 빛을 보게 되는 것이다. 인문주의 사회의 복귀인 르네상스 시대를 거치면서 본격적인 민족국가 중심사회를 이루면서 개인의 중요성이 부각되고 인류의 역사는 소용돌이의 역사가 계속되었다. 이러한 소용돌이는 인간사회가 더욱 발전적인 단계를 마련하는 기반을 구축하게 되었다. 진보냐 보수냐를 규정짓는 명백하고 현존하는 사상을 가름하는 척도도 더욱 분명하게 되었다. 에드먼드 버크냐 토마스 힐 그리인 사이의 진보성과 보수성을 명백하게 규정지을 수 있게 되었다.

보수주의자들을 대표하던 버크는 프랑스 혁명을 인류전체 사회를 파괴하는 행위라고 규정지었다. 보수주의자들이 당시 생각하는 위험성을 가진 프랑스 혁명은 진보주의자들이 이루어 놓은 인류의 정치 사회의 역사를 한 단계 발전시키는 데 크게 공헌한 역사적 사건인 것이다. 인류의 역사는 끊임없이 계속되는 필요에 의한 인류의 작용과 반작용의 연속인 것이다. 이러한 역사 속에서 인류는 끊임없는 갈등을 계속하면서 발전해 나가는 것이다. 거시적으로는 국가와 민족의 패권을 위해서 투쟁을 계속해 나가는가 하면 국내에서 자신의 기득권을 위해서 끊임없는 변화를 추구해 나가고 있다.

사르트르는 인간은 태어나서부터 죽는 날까지 만족스럽게 살지를 못한다고 한다. 그것은 인간이 지구상에서 지층의 압축에

4장 장래 한국 정치가 극복해야 할 과제

서 무기질에서 생겨난 결과 불만족한 상태에서 조금이라도 모자라는 것을 메우기 위해서 끊임없는 변화를 추구해 나가는 것이다. 인간은 누구나 완벽하지를 못하기 때문에 불만인 것이다. 이러한 인간의 불만은 결국 인류의 역사를 광란의 역사로 만들었다. 불만에서 시작된 인류의 역사는 다른 동물과 다르게 발전의 원동력을 가져오게 되었다. 인간이 다른 동물과 다른 점은 항상 불만족한 상태에서 삶을 유지해 나가는 것이다. 이러한 불만족한 현상은 인간이 다른 동물과 다른 고도의 문화를 창조하게 만든 것이다.

공리주의자 존 스튜어트 밀의 말을 인용하면 「만족스러운 돼지보다는 불만족한 소크라테스가 되라」는 말이 있다. 인간은 항상 불만족스럽기 때문에 이상을 지향하고 그 결과 다른 동물과 다르게 개인과 사회를 발전시키는 원동력을 만든 것이다. 역사적인 시각에서 조명해 볼 때 우리 인류의 역사는 진보와 보수의 갈등에서 발전하게 되었다. 보수와 진보는 모두 인간사회의 발전을 위해서 기여하고 있다. 그러나 보수는 보다 합리적인 차원에서 점증적인 변화를 요구하고 있다. 반면 진보는 이상적인 차원에서 급진적인 변화를 요구하고 있는 것이다. 일반적으로 안정된 사회일수록 보수적인 사상이 주류 이루고 있다. 미국의 경우도 건국 초기에는 진보와 보수는 상당한 차이가 있었다. 그러나 사회가 안정되면서 진보와 보수는 같은 길을 걸어가게 된다. 현재 미국의 진보를 대표하는 민주당과 보수를 대표하는 공화당은 동전의 앞면과 뒷면 정도의 차이에 불과하다.

　장래 한국 정부의 가장 큰 문제는 보수를 껴안고 동시에 밑으로부터의 개혁을 추구해 나가야만 한다.

4장 장래 한국 정치가 극복해야 할 과제

파벌주의와
정치발전

한국 정치가 개혁을 추진해 나가는데 또 하나의 걸림돌은 한국 정당의 오랜 고질병인 내부의 파벌싸움에 기인한다. 내부의 정당의 파벌싸움 때문에 결국은 개혁은 실패하는 경우가 가장 흔하다. 국회와 정부가 교착상태에 빠지는 경우 국정운영은 마비된다. 국회는 결속력을 강화시켜 나가야만 개혁은 성공을 거둘 수 있다. 따라서 이러한 정국운영을 성공적으로 하기 위해서는 한국정당운영에 대해서 알 필요성이 있다.

현대의 간접민주주의 형태의 민주주의 국가에서는 정당은 불가피한 존재다. 정당의 기원은 고대 희랍의 도시국가에까지 거슬러 올라가 볼 수 있다. 일반적으로 현재 정당의 규모를 갖추고 있는 정당의 기원은 17세기 초의 영국의 휘그당과 토오리당에서 양당에서 찾아볼 수 있다. 이 보수. 자유 양당이 바로 오늘날 서양 민주주의 국가의 양대 정당제도의 기원이라고 볼 수 있다.

한편 한국정당의 기원은 이조말기의 서구로부터 문호개방의 영향을 받은 조선정치인들 사이에 형성된 정치집단들이다. 그러나 이러한 정치단체들이 정당이라고 불리기에는 많은 문제점을 가지고 있었다. 따라서 정식으로 한국정당의 역사는 해방과 더불어 시작되었다고 볼 수 있다. 그러나 이 70여 년의 짧은 기간 동안 한국정당사는 많은 우여곡절을 겪으면서 방황을 계속하여 왔으며 현재까지도 정착되지 않은 상태에 있다. 이 70여 년 동안의 한국정당의 특성을 요약하면 샤무엘 헌팅톤이 말하는 제도화의 정도가 다른 선진국과 비교해 볼 때 아직 정상적인 괘도에 올라있지 않으며 정당의 분열성, 종속성의 정도가 높으며 권위주의적인 성향이 짙다. 특히 동양의 유교주의적인 전통문화에 바탕을 두고 있기 때문에 정당 운영에 있어서도 조직과 기능, 리더십 및 정책결정 과정에 있어서도 비합리적이고 부패와 타락된 비민주성을 뿌리 뽑지 못하고 있는 실정이다.

현대 민주주의를 대중적 민주주의라고 부르고 있다. 정당은 사회에 있어서의 잡다한 정치이론과 이익을 토론과 합의를 통해서 일원적인 정치의사로 승화시키는 역할을 담당하는 집단으로 이해되고 있다. 현대정치에 있어서 정당제도가 없는 곳에서는 민주정부가 있을 수 없으며 정당은 정치과정에 있어서 민주주의를 창조하고 있다고 인식되고 있다. 70년 이상의 정치경험을 통해서 한국

4장 장래 한국 정치가 극복해야 할 과제

국민들은 정당이란 필요한 것이며 정당이야말로 사회세력을 정치세력으로 이전하는 데 유일하고 중요한 장소로 여겨지고 있다. 따라서 정당이란 한 국가의 전체사회와 결부되어 있기 때문에 정당을 분석한다는 것은 헌법상 성문화되어 있는 민주주의적 제제도를 분석하는 것보다도 더 어려운 일이다. 이러한 점을 감안하면서 한국의 정당의 특성은 다음의 다섯 가지로 특성 지을 수 있다.

우선 제1공화국으로부터 현재에 이르기까지 한국정당의 특징은 고도의 인물중심의 정당이라고 특징지을 수 있다. 원래 정당이란 한 개인보다도 어떤 특정계층이나 세력을 대표하여야 한다. 그러나 한국정당은 오로지 현재 집권하고 있거나 앞으로 집권 가능성이 있는 개인의 집합체라는 점이다. 이것은 한국의 정당이 정권추구를 위한 개인의 정략에 따라서 이합집산이 극히 심하였음이 잘 입증하고 있다. 또 당의 운영에 있어서도 당의 규율이나 통로를 이용하지 않고 바로 당수와 담당자가 접촉하며 당수의 명령이 바로 규율로 되어 버리는 인물중심의 계보에 의존하는 경향이 강하다.

한국정당이 인물중심주의와 더불어 가지고 있는 또 다른 특성은 한국정당은 당의 이념 및 목표를 위해서 투쟁하는 것이 아니라 정당에 속해 있는 당원들의 당선을 위해서 노력해 오고 있는 실정이다. 따라서 정당의 이념이나 선거공약은 할 수 있는 정

노무현 정치사상

책을 선택적으로 제시하는 것이 아니라 그 당시의 상황을 보아서 유리하다고 생각되는 바의 모든 정책을 임기응변식으로 제시하고 있는 실정이다. 예를 들면 보수적인 색채를 가지고 있는 정당의 강령이 진보적이 되거나 또는 보수. 진보 양당의 이념이 유사하게 되어 버리는 수가 허다하다. 결과적으로 한국에서는 국민들이 투표하는데 요구되는 강령을 전혀 무시해 버리고 인물위주의 선택을 하도록 만들어 버렸다. 이와 같이 정당의 이념 및 목표의 결여는 정당원이 쉽게 정당의 소속감을 잊어버리게 만들며 아울러 정당인 당적을 쉽게 변경하는 소위 정치인의 정치적 지조를 저하시키도록 만들며 국민들이 보아서는 정치인들에 대한 불신감이 강하게 일어나도록 하고 있다. 따라서 당의 이념은 국민들이 믿기가 곤란하게 하고 있다. 예를 들면 민주당이라고 해서 가장 민주적으로 운영한다고 믿으며 민주정의당이라고 해서 가장 민주적이고 정의롭게 정당을 운영한다고 믿지는 않는 실정이다.

다음으로 선진국과 비교해 보면 후진국에서 공통적으로 나타나는 현상인 여당과 야당과의 복잡한 관계가 한국 정당에도 강하게 나타나고 있다. 즉 집권당인 여당이 비집권당인 야당에 대해서 너무 독선적이며 우월감을 가지고서 정책을 일방적으로 수행해나간다는 점이다. 따라서 집권당인 여당은 반대당인 야당의 정책을 비방하며 결과적으로 여당은 야당과 협상적인 태도를 버리고 일방적으로 정책을 수행하려고 하며 반대로 야당은 국민과 결탁하여 정외 투쟁 등 대외 극한투쟁 방식으로 정당을 이끌어 나가는 경향이 짙다. 특히 한국에서는 그 대립과정은 극한과정으로까지 확대되어 나간 경우가 허다하다.

한국정당이 영미 등 선진국과 비교해 볼 때 특징으로 나타나는 또 하나의 현상은 다당제 현상이라는 점이다. 양당제란 국회를 지배할 수 있는 가능성으로 지닌 정당의 수가 2개로 한정되어져 있는 정당의 형태를 말하며 민주이론으로 볼 때는 양당제도는 소당 분립의 난립을 막고 국민의 의사를 책임지는 순수하고 무게 있는 정책수행에는 양대 정당제도가 바람직하다. 그러나 한국의 경우는 거의 70여 년 동안 단일 야당으로서 집권당을 강력히 견제할 수 있었던 시기는 거의 없었다.

또 하나 한국정당에 나타나는 특징은 좌 파계 정당이 존속하지 못한다는 점이다. 일제로부터 해방과 더불어 6·25라는 일종의 사상전이라고 볼 수 있는 전쟁으로 인해 민족분단이라는 엄청난 비극이 발생하였고 또 남북한이 사상적으로 대립한 결과 6·25를 경험한 국민들 간에는 아직도 사상에 대해서 깊은 관심을 가지고 있다. 따라서 한국에서는 정부에서뿐만 아니라 거의 대부분의 국민들이 일체의 좌파계 정당이 존속할 수 없도록 하는 정치풍토를 만들었다. 물론 이러한 정치풍토에도 불구하고 혁신계 정당이 나타나기는 하였지만, 그 생명이 짧을 수밖에 없는 것이 특징이다. 이상의 5가지를 한국 정당제도에 있어서 나타나는 현상이라고 규

노무현 정치사상

정지을 수 있다. 이러한 현상 때문에 한국에 있어서 정당 간의 대립과정은 빈번히 극한상황에 접근하고 정당운영에 있어서도 정실에만 치우쳐서 민주적으로 운영되지 못하고 있는 실정이다. 더욱이 한 걸음 더 나아가서 거시적인 차원에서 생각해 볼 때 이러한 한국정당의 특징은 정당인으로 하여금 정권유지가 바로 자기보존의 유지와 동일하다고 보기 때문에 정권의 평화적인 교체를 어렵게 만드는 요소로 등장하고 있다.

한국의 정당은 일제 강점기 시대부터 해방 후 오늘에 이르기까지 우여곡절을 겪으면서 발전과 개선을 시도해 왔지만 아직도 개선해야 할 많은 문제점을 가지고 있다. 거시적인 차원에서 보면 정당운영의 비민주성은 한국국민 및 정치인들이 민주정치에 대한 경험부족, 남북분단의 역사적 비극 및 평화적인 방법에 의하지 않은 정권교체 등을 들 수 있다.

좀 더 구체적으로 보면 다음의 3가지의 내·외적인 요소로 나누어 볼 수 있다. 첫째, 내적인 요소로서 한국 정당 운영의 비민주성은 개별주의적인 인적유대 관계가 가장 큰 원인이라고 볼 수 있다. 이러한 개별주의적 인적관계는 정당의 비 정책적인 파벌현상을 초래하고 있으며 이러한 파벌주의가 한국정당의 민주적 운영을 저해하는 가장 큰 요소라고 볼 있다. 또 다른 요소로서는 한국 정치 풍토는 전통유교사상에 뿌리를 둔 경험과 전통을 중시하는 고착화된 국민성은 기성정치인들의 가치기준을 고집함으로

4장 장래 한국 정치가 극복해야 할 과제

써 신진 인물의 정계진출을 저해시키는 권위주의적이고 폐쇄적인 정당을 운영하도록 초래하고 있다. 이러한 정당운영 방식이 또한 민주정당의 운영을 저해하는 요소로 볼 수 있다. 다음으로 서양의 선진국과 비교해 볼 때 한국은 정당제도가 도입된 역사가 짧다. 현실적인 면에서 볼 때 한국은 정당을 포함한 정치 전반에 걸쳐서 비합리적이고 제도적인 면에서 더욱더 개선해야 할 많은 문제점을 가지고 있다.

한국정당 운영의 비민주성은 우리 눈앞에 나타나는 단순한 요소들에 기인한다기보다는 우리의 전통. 역사. 문화의 이면에 숨겨져 있는 요소에 근본적인 원인이 있다고 본다. 이러한 요소 중에서도 한국정당의 파벌주의가 가장 큰 원인이라고 볼 수 있다. 현대 정치의 경향은 미첼스의 과두제의 철칙에서 보듯이 지도자의 카리스마적 권위나 금력화의 작용이 강화되는 추세에 있는 것이다. 특히 한국의 정당은 정책적인 전문가에 의해서 구성되지 못하고 명성과 권력 또는 금력이 있는 특정한 지도자적 인물을 중심으로 하여 결성되며 그들은 국가의 이익보다는 당의 이익, 또 당을 이용하여 사리사욕을 추구함으로써 정당의 비 정책적 파벌화 현상을 초래하였다. 그리하여 파벌의 구성은 정치적 지위획득, 정치자금의 조달, 정당영수가 대통령 후보 획득을 위한 이권의 단위로서 탈바꿈함으로써 정당인의 목적이 파벌을 조성하는 데 있는 것처럼 되어 버렸다. 샤트 슈나이더가 정당이 미국정치제도를 민주화시킨 점을 들어 정당의 민주화에 대한 공헌은 정당과 정당 간에 나타나는 현상이며 정당 내부에 나타나는 현상은 아니라고 보고 있다. 샤트 슈나이더의 이론은 바로 한국정당 내의 당내 민주주의가 국가적 민주정치 실현에 공헌하기 어렵고 인간관계 중심으로 형성된 한국적 파벌정당에서는 당내 민주주의 조화가 성립되기 어렵다는 현실을 뒷받침해 주는 셈이다.

우리나라에 있어서 이 파벌들이 독특한 양상을 띠면서 우리의 주위와 사회에 범람하여 왔다. 이는 하나인데 사람이 둘 모이면 두 당이 생기고 사람이 넷 모이면 네 당이 생긴다는 말은 한국적 파벌의 양상을 단적으로 표현하고 있다. 적어도 조선 중기 이후는 이 파벌로 점철된 역사라 해도 과언이 아닐 것이다. 더욱이 조선말과 일제의 독립투쟁에서도 이 파벌은 한몫을 하였고 상해 임시 정부 안에서도 사상 간의 파벌과 지역 간의 파벌로 인해서 서로 갈라졌고 광복 후 건국개각에 이어 현재까지도 당내의 파벌화 현상이 계속되고 있다.

파벌주의와 더불어 정당운영의 비민주성의 원인으로서 권위주의적 정당운영을 들 수 있다. 한국의 정당이 권위주의적으로 운영되는 가장 큰 원인은 한국의 전통 유교문화에서 기인한다고 볼 수 있다. 1948년 현대적 헌법이 제정되기까지 우리의 정치사회는 동질적인 문화에 수직적 사회이동을 경험하지 못한 인민의 무관심과 정치 불참여에서 인민으로부터 아무런 저항을 받지 않고 왕

4장 장래 한국 정치가 극복해야 할 과제

조를 즉 국가권력을 교체하여 왔으며 그때마다 전제군주는 자기의 의도에 맞는 정치과정, 즉 지배구조를 일방적으로 용이하게 통일하여 인민의 의중에 근거하여 억제도 받지 않는 전제권력을 행사하여 왔다. 해방 후 지금까지 정치엘리트들은 우리사회의 민주주의의 생활방식을 과거 수십 년간 영위해 왔다고 하더라도 정치사회과정에서 볼 때 권위주의적 성격을 탈피할 수 없다. 그러므로 그들은 권위주의적 개성의 지표가 되는 권위에 굴복, 강력한 지도자를 바라는 욕망을 가지고 있다고 볼 수 있다. 그러므로 정당은 기능적 의미 외에 재산적 의미를 띠며 그 기능은 권위 있는 개인에게 사물화되는 경향을 보이고 있다. 그리고 이와 같은 과정을 밟아서 취임한 당료들은 공적관계보다는 사적, 개인적 관계에 의해서 더욱 효과적으로 관리되는 수가 있다. 이와 같이 정당이 개인에게 사물화되는 경향은 권위주의 정당운영의 중요한 요소인 강한 사적관계와 권위주의적인 집행방식으로 전향된다고 볼 수 있다. 정당이 강한 사적관계에 의해서 운영되고 있다는 것은 당의 권력분포를 보면 쉽게 알 수 있다. 정당에서 권력의 분포를 알아보려면 최고 지도자와 사적인 관계 위주로 만날 수 있는 특권을 가진 사람이 누구인지를 가려내면 되는 것이다. 당 대표와 가장 빈번히 만날 수 있는 사람, 즉 당수와 오랫동안 만나 이야기를 할 수 있는 사람을 가려내어 신빙성 있는 지표를 작성하면 정당 권력 구조를 정확하게 파악할 수 있을 것이다. 이처럼 인

노무현 정치사상

격화된 권력이 형성되기 쉬운 환경이 바로 한국정당이다.

이러한 인격화된 권력이 군림하는 정당일수록 당 대표에게 권력과 권위를 떠맡기고 그것을 당연시하는 경향이 높다. 따라서 의인주의가 지배하는 정당은 지도자의 명령이 지배하는 정당이며 이러한 현상은 정당운영의 가장 큰 병폐 중의 하나라고 볼 수 있다.

이상에서 언급한 바와 같이 명령이 지배하는 정당 아래에서는 밑으로부터 위로의 자유로운 의사소통은 막히고 오로지 명령에 따라 움직이는 관료조직적인 중앙집권 형식만이 강화되며 하향식의 행정적 지시만이 전횡하게 된다. 따라서 한국과 같은 정치풍토에서는 상부에서 내려오는 지시를 무조건 복종하여야 하는 행동률이다. 사실상 정당운영은 관료조직이라 할 수 없다. 한국의 정치 문화 속에는 권위주의적 경향이 자리 잡고 있기 때문에 위계질서를 떠난 수평적 인간관계를 형성할 수 있는 문화적 기반이 거의 없다고 보여진다. 한국의 정당조직에서는 모든 인간관계를 위계적 관계로 볼 수 있으며 이러한 관계 속에서는 복종이 미덕이 되고 또 사회가 요구하는 행동률이기도 하다. 이와 같이 정당 내 권력구조가 관료주의 화 된 명령계통으로 이루어졌다는 것은 정당운영을 비민주적으로 만드는 구조적 여건이라고 볼 수밖에 없다.

이상에서 논한 비와 같이 파벌주의와 권위주의 성격과 강한 사적관계의 사회성격을 띤 한국정당은 서구의 민주정당제를 도입하여 민주적 정당운영을 실현하려 하였으나 정당운영 과정에 있어서 권력의 집중화, 의인화 및 관료주의적 정당운영으로 인해서 문제점을 노출하고 말았다. 민주정당이 비민주적으로 운영되는 원인은 민주입헌제도 자체보다는 그 제도를 목적과 목표에 따라 운영하지 못하는 우리의 정치행태에 있다고 볼 수 있다. 그 가장 근본적인 이유는 민주제 도입의 기간이 짧을 뿐만 아니라 어떠한 사회든지 정당 목표의 민주화는 용이하지만 정당운영 절차의 민주화는 많은 시간과 노력이 필요하기 때문이라고 본다.

현재 한국은 과거 군부시대와 3김 시대를 거치면서 그동안 정당의 사유화 현상과 당 대표를 중심으로 하는 권위주의적 정당운영은 어느 정도는 사라지기는 했지만 아직도 가장 큰 암적인 존재는 파벌주의라고 할 수 있다. 여당과 야당 모두가 친박이니 비박이니 친문이니 비문이니 하는 파벌중심으로 정당이 운영되고 있다. 이러한 파벌주의의 병폐는 민주주의 정당운영을 저해하는 가장 큰 요소이다. 따라서 민주화를 위한 가장 큰 문제는 바로 파벌주의를 청산하는 과제이며 이러한 파벌주의 타파는 거시적인 차원에서 민주주의를 정착시키는 지름길이다.

노무현 정치사상

영국이 나은 세계적인 극작가 셰익스피어는 한 인간의 삶에 대한 평가는 그 사람이 죽고 나서 관 뚜껑을 덮고 난 후에 평가하여야만 한다고 말하고 있다. 사실상 우리 조상들의 실록도 그 사람이 살아있을 동안에는 공개를 하지 못하도록 하였다. 그만큼 한 인간에 대한 평가는 객관성을 넘어서 주관적인 평가로 흘러버릴 수가 있다.

그 이유는 바로 인간 존재는 불완전하기 때문이다. 동시에 한 인간에 대한 평가는 시대에 따라서 다르게 평가된다. 중국은 신해혁명 이후 공자에 대한 평가를 비하하기 시작하였다. 그 이유는 공자 사상이 중국의 발전을 늦추었다는 것이다. 그러나 현재 시진핑 정부에서는 또다시 공자 사상과 공자를 높이 평가하기 시작하였다.

그러면 맹자는 왜 빛을 발휘하지 못하였는가? 그 이유는 공자는 보수주의적 사상을 대변하고 맹자는 진보주의적 사상을 대변하기 때문이다. 맹자의 사상은 혁명적 사상을 기반으로 하기 때문이다. 만일 천자가 잘못하는 경우에는 혁명을 통해서 왕을 추방하여야만 한다는 진보주의적 사고를 바탕으로 하고 있다. 반면 공자는 천자에 대해서 절대적 복종을 주장하는 사상을 기반으로 하기 때문이다. 중국은 수천 년 동안 공자 사상이 바로 사회의 기반을 이루게 된 것이다.

따라서 만일 중국이 공자가 아닌 맹자 사상을 바탕으로 한 통치를 하였더라면 오래전에 중국은 서양 선진국 국민들이 가지고 있는 민주주의 사상을 바탕으로 한 사회를 형성하였을 것이다. 동시에 중국은 19세기에 서양 열강국들의 침략을 막아내었을 것이다.

이처럼 인간이 살아가는 데 민주주의는 중요하다. 민주주의는 국민이 주인이라는 의미다. 사실상 국민들은 자신이 얼마나 중요하며 강하다는 것을 몰랐던 것이다. 중국은 현재 미국 다음의 강한 군사적, 경제적 대국으로 발전하기는 하였다. 그러나 중국은 국민들의 민주화 의식이 약하기 때문에 아직도 사회가 불안정하다. 언제 허물어질지 모르는 불안감이 도사리고 있다.

현재 노무현 전 대통령의 사상은 바로 진보적 사고를 바탕으로 하기 때문에 오랫동안 군사 독재에 시달리고 익숙해진 국민정서에는 배척을 당하였다. 특히 국민들 사이에 좌파와 우파라는 공식에서 우파가 항상 유리한 상황에서 급진적 사고를 바탕으로 하는 노무현의 정치철학과 사상은 한국사회에서 뿌리를 내릴 수가 없었다. 그 결과 노무현은 실패한 대통령으로 오해를 받았다. 탄핵 등을 통해서 그의 진보적 사고는 젊은 세대들의 지지를 얻어서 보수와의 힘겨운 싸움을 하였다.

노무현의 사상은 플라톤과 링컨의 이상주의적 정치철학을 바탕으로 한 정치를 추구해 나갔다. 이상과 현실 사이에는 괴리가 존재하기 마련이다. 그 이유는 바로 인간 존재의 불완전성 때문이다. 노무현 이후 이명박, 박근혜 정부를 거치면서 보수가 득세하는 듯했다.

그러나 국민들의 의식수준은 급속한 경제성장과 함께 강한 민주화를 요구하는 단계에 올라섰다. 비교정치학을 대표하는 학자들의 민주주의와 산업화와 경제발전과의 관계에 대한 공통적인 견해는 산업화로 인한 경제발전은 결국은 민주주의로 가는 지름길이라는 견해를 가지고 있다.

얼마 전 한국에서 일어난 촛불혁명은 바로 한국이 경제브랜드 세계 10위라는 경제대국을 바탕으로 한 국민들의 민주주의에 관한 의식 수준의 급속한 성장으로 인한 결과라고 할 수 있다.

노무현 전 대통령의 서거 이후 9년 동안 국민들의 의식 수준은 엄청난 속도로 발전하였다는 것을 지난번 촛불혁명이 증명하고 있다. 이제 우리는 노무현 전 대통령의 서거 9년을 맞았다. 이제 우리에게 필요한 것은 진보적 사고를 바탕으로 한 노무현 전 대통령이 현대 한국의 정치발전에 어떻게 또한 얼마나 발전시켰는

지를 과학적이고 객관적인 관점에서 재조명하여야만 한다. 동시에 인간 노무현에 대한 재평가가 이루어져야만 한다.

따라서 이 글은 인간 노무현의 정치철학을 비롯하여 그의 사상을 연구·분석하고 그가 후세 한국의 정치발전에 어떻게 기여하였는지를 평하고자 한다. 동시에 노무현의 정치사상이 미래 한국의 정치발전을 위해서 어떻게 필요한지에 대한 방향을 제시하는데 이 글의 궁극적인 의미를 두고자 한다.

에필로그

노무현
정치
사상

초판 1쇄	2018년 05월 23일

지은이	조해경
발행인	김재홍
디자인	지식공감
마케팅	이연실

발행처	도서출판 지식공감
등록번호	제396-2012-000018호
주소	경기도 고양시 일산동구 견달산로225번길 112
전화	02-3141-2700
팩스	02-322-3089
홈페이지	www.bookdaum.com

가격	15,000원
ISBN	979-11-5622-370-2 03300

CIP제어번호	CIP2018014629
	이 도서의 국립중앙도서관 출판예정도서목록(CIP)은 서지정보유통지원시스템 홈페이지 (http://seoji.nl.go.kr)와 국가자료공동목록시스템(http://www.nl.go.kr/kolisnet)에서 이용하실 수 있습니다.